"쫄지말고
나서라"

쫄지말고
나서라

초판 1쇄 발행 2016년 6월 1일

지 은 이 박호진
발 행 인 권선복
편   집 김정웅
디 자 인 이세영
일 러 스 트 정다은
마 케 팅 정희철
전 자 책 신미경
발 행 처 도서출판 행복에너지
출판등록 제315-2011-000035호
주   소 (07679) 서울특별시 강서구 화곡로 232
전   화 0505-613-6133
팩   스 0303-0799-1560
홈페이지 www.happybook.or.kr
이 메 일 ksbdata@daum.net

값 15,000원

ISBN 979-11-5602-376-0   03190

Copyright ⓒ 박호진, 2016

"쫄지말고 나서라"

상 대 의 **마음**을 얻 는
Presentation

박호진 지음

도서
출판 **행복에너지**

목차

Chapter

02

자신감 있게 나서라

Chapter

03

무엇이든 되기 전까지
다 불가능해 보인다

Chapter

04

Intro로 시작해서
Impact로 끝내라

Chapter

05

상대의 마음을 얻어라

Chapter

06

상대의 마음을 흔들어라

Chapter

07

보디랭귀지의 마력

Chapter

08

끌리는 목소리로 말하기

내가 좋아하는 TV 프로그램이 있다. 〈집밥 백선생〉과 〈냉장고를 부탁해〉인데 요즘 소위 '대세남'들은 요리를 잘하는 남자들이다. 각 방송마다 훈남들이 나와서 요리까지 잘하다 보니 요즘 여자들은 모두 그런 '요섹남 요리를 잘하는 섹시한 남자' 애인을 꿈꿀 것이다.

나도 그런 TV 프로그램을 보고 부러워했던 적이 많다. 그런데 〈집밥 백선생〉과 〈냉장고를 부탁해〉 이 두 프로그램의 요리가 좀 다르다. 〈집밥 백선생〉은 누구나 할 수 있는 기초적인 것을 쉽게 알려준다. 그리고 출연자들이 요리를 하고 함께 그 요리 맛을 평가해 본다. 이 프로그램을 보고 많은 사람들이 요리에 대한 자신감을 가지게 되었다고들 한다. 〈냉장고를 부탁해〉는 그에 비해서는 실력 있는 셰프들이 나와서 좀 더 전문적인, 그야말로 맞춤형이고 창의적이며 세심한 요리를 펼친다.

지금까지의 프레젠테이션 저서들이 전문적이고 어려운 내용의 〈냉장고를 부탁해〉였다면 본 저서는 〈집밥 백선생〉처럼 누구나 마음만 먹으면 할 수 있는, 프레젠테이션의 기초적인 것을 쉽게 알려주고 있다는 표현이 맞을듯 하다.

프레젠테이션은 기본적인 역량이 먼저 필요하다. 백주부가 알려준 간장의 맛, 설탕의 맛, 재료의 특성들. 이런 것들을 기본적으로 알아 두면 내가 어떤 요리를 할 때도 자신 있게 해볼 수 있다. 못 한다는 부정적인 생각은 하지 않게 된다. 그중에서도 가장 중요한 기초 능력은 바로 커뮤니케이션 능력이다. 그렇다면 이런 것들은 직장에서만 필요할까? 답은 '아니다.' 학교생활에서의 친구와의 관계, 교수님과의 관계, 애인과의 관계, 앞으로 배우자와의 관계, 부모·자녀와의 관계에도 필요할 수 있다.

커뮤니케이션은 현대인이 꼭 갖춰야 할 기본 역량이라고 할 수 있다. 그리고 이런 기본적인 역량과 더불어 전문적인 프레젠테이션과 스피치 능력을 갖추면 된다. 이것은 마치 〈냉장고를 부탁해〉의 요리에서 각자의 냉장고의 재료와 자신의 요구를 의뢰하는 출연자에 비유해 볼 수 있다. 프레젠테이션의 기본 역량을 배워 각자의 스타일과 성격에 맞는 프레젠테이션 스킬을 쌓아가는 것이다. 그러기 위해서는 프레젠테이션에 대한 기본 지식을 이해하고 배워야 한다.

우리가 시중에서 쉽게 찾아볼 수 있는 프레젠테이션에 대한 책을 보면 프레젠테이션 연습을 할 때 어떠한 것들이 중요하다는 이야기만 하지 정작 어떻게 준비하고 훈련하는지에 대해서는 구체적인 언급이 없다. 그래서 좀 더 쉽게 프레젠테이션을 배울 수 없을까? 좀 더 효과적인 방법이 없을까를 고민하다 결국 이 책을 쓰게 되었다. 나는 전신 거울 하나만으로 얼마든지 혼자서 훌륭한 프레젠터가 될 수 있다는 것을 알려 주고자 한다.

여전히 많은 사람들에게 프레젠테이션은 어렵고 두려운 일이다. 프레젠테이션과 스피치에서 성공하려면 뭔가 유창하게 말을 잘하고 두려움도 없어야 한다는 생각이 강해서다. 주위에 프레젠테이션에 실패한 사례가 훨씬 많다 보니 이런 두려움은 더 커진다. 사회생활을 하면서 수많은 사람들을 만나 대화를 나누고 회의와 프레젠테이션 등이 일상화되면서 의사소통 능력과 설득 능력이 개인의 성공을 담보하는 능력으로 인정받고 있다. 또한 자신을 표현하고 드러낼 기회가 많아지면서 자신감 있고 설득력 있는 사람이 더욱 주목받게 됐다.

누구나 한 번쯤은 '남들이 나를 어떻게 생각할까?' 하고 고민해 볼 때가 있다. 하지만 남들 앞에서 창피당하거나 무안당할까 봐 지나치게 불안해하고 긴장한다면 급격한 변화와 치열한 경쟁 속에서 살고 있는 우리의 생활에 적신호가 오게 된다. 점점 자신감을 잃게 되고 사회나 조직으로부터 본인의 의지와 상관없는 결과들이 나타날 수 있기 때문에 현대를 살아가는 우리는 늘 부담감을 안고 살게 된다.

나는 남들 앞에서 발표하거나 이야기해야 할 때 어려움을 많이 느꼈다. 그 원인을 거슬러 올라가 보면 심리적 원인이 많다. 결국 그 원인은 '나' 자신에서 시작된다. 모든 사람들은 타고난 성정이라고 생각하여 변화할 수 있을지에 관심을 두지만 훈련과 분석을 통해서 충분히 변화되고 자신감 있는 나를 완성해 갈 수 있다. 특히 혼자서 전신 거울 하나만 있으면 발표할 수 있는 훈련법을 제시함으로써 남들 앞에 나서기를 두려워하는 사람들이 자가 치유를 통해 '완전한 나', '자신감 있는 나'가 되어 당당하게 나설 수 있는 사람이 될 수 있도록 안내하고자 한다. 그래서 직장이나 사회에서 자신감을 갖고 좀 더 전문가처럼 나설 수 있도록 도움을 주고자 한다. 대학생들은 교수님과 동료 학생들 앞에서 자신감 있게 과제를 발표하고 사회 초년생은 좀 더 자신감 있는 직장 생활을 하고 직장인들은 조직에서 전문 능력을 인정받게 되고 취업 준비생들은 자신감 있는 면접을 할 수 있도록 이 책이 모든 분들의 자신감과 용기가 되어 주는 책이 되길 바란다.

Chapter
01

쫄지 마라

따뜻함과 당당함으로
마음을 사로잡은 천민 '하선'

영화 〈광해, 왕이 된 남자〉에서 허균은 '가짜 광해' 하선을 앞에 두고 "내일 어전회의에서 낭독할 교지입니다. 큰 소리로 읽어보십시오."라고 한다. 용상 아래에서 고개를 숙이고 서 있는 신하들에게 '진짜 광해'의 말처럼 들리도록 하려는 연습 과정이다. 허균은 술판을 돌고 도는 광대 출신 하선이 처음 읽는 교지가 성에 찰 리가 없다. "그만! 그만 멈추시옵소서." 허균은 얼굴을 찌푸리며 말을 자른다. 그러고는 "전하는 임금이십니다. 거리의 만담꾼이 아니란 말입니다."라며 정색한다.

왕위를 둘러싼 권력 다툼과 당쟁으로 혼란이 극에 달한 광해군 8년에 자신의 목숨을 노리는 자들에 대한 분노와 두려움으로 점점 난폭해져 가던 왕 '광해'는 도승지 '허균'에게 자신을 대신하여 위협에 노출될 대역을 찾을 것을 지시한다. 그러던 어느 날 광해군이 갑자기 의식을 잃고 쓰러지는 엄청난 사건이 발생하고 허균은 광해군이 치료를 받는 동안 술판을 돌고 도는 광대 출신 하선에게 광해군을 대신하여 왕의 대역을 할 것을 명한다. 저잣거리의 한낱 만담꾼에서 하루아침에 조선의 왕이 되어버린 천민 하선은 허균의 지시하에 말하는 법부터 걷는 법, 국정을 다스리는 법까지 함부로 입을 놀려서도 들켜서도 안 되는 위험천만한 왕 노릇을 시작한다. 하지만 과거 예민하고 난폭했던 광해와는 달리 따뜻함과 인간미가 느껴지는 왕의 모습에 궁정이 조금씩 술렁이고 점점 왕의 대역이 아닌 자신의 목소리를 내기 시작하는 당당해진 하선의 모습에 허균도 당황하기 시작한다.

쫄지 마라

사실 '쫀다'라는 표현은 그리 좋은 말은 아니다. 우리가 어떤 사람 앞에서 위축되거나 두려움의 대상 앞에 있을 때 '쫀다'라는 표현을 쓴다. 그리고 우리는 살면서 이런 경우를 많이 접하게 된다. 이렇게 특정 상황에서 느끼는 두려움과 당황함을 두고 '쫀다'라고 한다. 그렇다면 그런 기분을 느끼는 본인의 심정은 어떨까? 그 상황을 피하고 싶고 하는 일에도 자신감이 없게 된다. 그리고 그런 상황을 원하지 않게 되어 결국 두려워하게 된다.

그 결과는 우리의 삶을 힘들고 어렵게 만든다. 무엇보다 의사소통에 문제가 생긴다. 평소에는 아무렇지 않다가 특정한 상황에서만 쫄 때가 있다. 이것을 발표 불안이라고 한다. 특정한 상황에서 느끼는 불안감, 당혹감 등이다. 그러나 이런 감정들은 대개 본인이 느끼는 것일 뿐 상대는 느끼지 못한다. 아니 상대가 느끼지 않도록 자신감 있게 나서는 것이 중요하다. 그래야 본인의 의사를 상대에게 정확히 전달할 수 있기 때문이다. 청중들은 그들 앞에서 쫄고 있는 프레젠터Presenter 를 본다면 자신감이 없다고 생각할 것이다.

특히 쫄게 되면 사람들이 가지고 있는 감정들이 잘 표현이 되지 않는다. 감정 표현이 들어가지 않으면 전달과 설득력에 문제가 생긴다. 무엇보다 자신의 감정이 상대에게 드러나지 않게 된다. 그렇게 되면 효과적으로 전달하기가 무척 힘들다. 하지만 프레젠테이션에 감정이 들어가면 열정적이다. 그리고 자신감이 있다. 반대로 감정이 없으면 열정도 없고 무기력해 보인다. 그러므로 프레젠테이션을 할 때 다양한 감정을 보여 줘야 한다. 딱딱하고 지적인 대화만을 담지 말고 자신의 이야기를 담은 솔직한 이야기를 담아서 당당하고 자신감 있게 나서라. 그러면 청중은 좋아할 것이다.

처음 사람들 앞에 설 때의 불안 증세는 '가슴이 뛴다, 숨 쉬기가 힘들다, 목소리가 떨린다, 손이나 몸이 떨린다, 얼굴이 붉어진다, 근육이 경직된다, 땀이 난다, 입이 마른다, 몸이 뻣뻣해진다, 열이 나거나 싸늘해진다.' 등이다. 나는 처음 사람들 앞에 설 때 이러한 불안한 증상을 겪었고 두려웠다. 무엇보다 청중이 실망할까 봐 그리고 그들로부터 미움이나 외면을 받을까 봐 두려웠다. 부족해도 완벽해 보이고 싶었으며 청중으로부터 인정받고 싶었다. 하지만 나는 불안과 긴장의 벽을 쉽게 넘지 못했다.

나는 불안 증상을 비교적 많이 가지고 있었다. 남자에겐 치욕적인 얼굴 홍조, 눈 깜빡임, 목소리 떨림, 시선 회피 등 사람들 앞에만 서면 이런 불안한 증상들이 어김없이 나타났다. 무엇보다 상대방의 눈을 본다는 게 쉽지가 않았다. 왠지 똑바로 쳐다보면 무슨 일이 일어날 것만 같고 상대방이 기분 나쁘게 생각할 것만 같았다.

특히 프레젠테이션을 앞둔 긴장은 이루 말할 수 없었다. 밥맛도 없으며 계속 불유쾌한 증상이 나타났으며 머릿속이 복잡해졌다. 그리고 나중엔 회피하고 싶은 욕구까지 생겼다. 말 그대로 지옥 같은 시간이었다. 나름대로 긍정적인 생각으로 마인드 컨트롤을 해보지만 막상 청중 앞에 서면 긍정적인 생각은 온데간데없고 청중 앞에서 떨고 있는 내 모습이 지각되었다. 그런 생각을 하면 더욱 비참해졌다. 제대로 발표를 할 수 없을 것만 같은 불안한 기분이 들었다. 그리고 생각했던 대로 준비했던 모든 것들을, 발표순서와 내용들, 심지어 오프닝 인사마저도 청중 앞에 서기만 하면 물거품처럼 잊게 되며 한순간 바보가 되어 버렸다. 설사 생각난다 하더라도 제대로 용기가 나지 않았다.

'왜 그럴까? 나한테 무슨 문제가 있지? 다른 사람들도 마찬가지일까?'

그렇게 프레젠테이션 실패의 억울함과 분노는 며칠 동안 지속됐다. 그리고 점점 더 사람들이 무서워지며 무슨 일을 할 의욕조차 생기지 않았다. 온통 머릿속에 그날의 발표와 긴장, 실수들 그리고 분명 청중들의 부정적인 평가가 있었을 것이라는 근거 없는 추측들이 이내 곧 집착으로 바뀌어 몇 날 며칠 동안 나를 괴롭혀 잠도 오지 않았다. 나는 그 괴롭힘에서 쉽게 빠져나오지 못했다. 계속해서 억울하고 비참한 생각이 들었다.

하지만 결국 용기 내어 인터넷으로 스피치나 프레젠테이션 학원을 뒤져봤다. 스피치 학원, 프레젠테이션 학원……. 무수히 많은 학원들이 강남에 위치하고 있었다. 몇 군데를 전화로 문의했더니 모두 다 친절하고 상냥했으며 자신감 있는 목소리와 논리적인 설득력으로 내게 1개월만 배워도 효과가 상승할 것이라고 말했다. 대화를 통해 우선 나와 같은 분들이 많다는 것을 알았다. 커리큘럼에 대해 물어보자 이론과 실습을 같이 한다고 했다. 실습은 무엇이냐고 묻자 발표 연습이라고 했다. '아 또 발표해야 하는가.' 발표가 힘들어서 학원을 다니려고 했는데 학원에서 또 발표를 시키다니……. 학원비도 만만치 않았다. 100만 원에 가까운 학원비, 비싸다……. 그래도 배우자……. 무엇이든 얻을 게 있을 것이고 지금보다는 나을 것이다.

그런데 학원마저도 갈 용기가 나지 않았다. 하지만 이대로 포기하며 살고 싶지는 않았다. 도대체 나에게 어떤 문제가 있는지 알고 싶었으며 궁금했다. 내가 그날 겪은 수치심과 공포, 좌절들이 나를 계속 괴롭혔으며 무서웠다. 사람들이 속으로 나를 계속해서 비웃는 것만 같았다. 현실을 인정하기 싫었다. 내가 생각하는 더 좋은 내가 아직 머릿속에 남아있기 때문이다. 그러나 내가 알고 있는 나, 그리고 현실 속의 나를 빨리 지각하는 것이 중요하다. 그걸 알지 못하고 프레젠테이션을 시작했다가는 큰 실수를 하게 된다. 그때의 혼돈은 지금의 혼돈보다 더 크고 충격이 크기 때문이다.

더 이상 피하지 말자

'나는 왜 항상 나서는 것이 두렵지?'에서 가장 중요한 핵심은 '다른 사람이 나를 어떻게 볼까?' 하는 것으로 다른 사람들의 평가를 중시하는 사람에게서 더 많이 나타난다. 따라서 다른 사람과의 관계를 더 중요시하는 집단주의 문화권에서 더 많이 나타나는 증상이라고 볼 수 있다. 그러므로 미국 같은 서구권보다는 우리나라 같은 동양에서 더 많이 나타날 수 있다고 볼 수 있다.

우리는 '다른 사람들이 나를 어떻게 생각할까.'와 관련해서 자신에 대한 타인의 부정적 평가를 두려워한다. 또한 '상대에게 불편함을 끼치지 않았나, 또는 해를 끼치지 않았나, 내가 한 말에 기분이 상하지 않았나, 내가 너무 공격적으로 비치거나 기분 나쁘게 하진 않았나.' 등을 염려한다.

사람들 앞에 나서기 위해서는 이런 나의 불안 증상이 무엇인지를 정확히 이해해야 한다. 그리고 그에 맞게 훈련함으로써 자신감 있게 제대로 나서야 한다. 그래야만 내가 원하는 것을 성취할 수 있으며 남들로부터 좋은 평가를 받게 될 수 있다. 그것은 곧 원만한 대인 관계를 통해 본질적 요소인 친밀감을 만들 수 있으며 개인의 브랜드 가치에 큰 영향을 미친다.

사람들 앞에 나서기를 두려워하는 이유는 보통 다음과 같다.

첫째, 열등감 때문이다. 나도 겉으로는 친구도 있고 직장 동료도 있으며 사교적이었다. 그러나 모두가 업무적인 일로 만나는 것일 뿐 마음 편하게 친밀함을 나누는 인간관계를 가질 수 없었다. 그 이유를 거슬러 올라가 보면 내 안에 가지고 있던 외모에 대한 콤플렉스 때문이었다. 열등감을 심리학 용어로 콤플렉스라고 한다. 대부분의 사람들은 외모에 대한 콤플렉스가 많다. 잘난 사람도 외모에 대한 부족함을 느낀다는 사실에 외모에 자신이 없는 나는 새삼 놀라웠다. 가지고 있어도 부족함을 느낀다는 것은 현실보다 목표나 기대치가 더 높다는 것이다. 그것은 현실을 망각하고 회피하는 것과 마찬가지다. 아니 열등감을 증폭시키는 결과를 낳게 된다.

외모지상주의 시대에서 당연한 결과이지만 당연할 수 없는 이치이다. 하지만 사람들은 그것을 당연하게 받아들인다. 어느 날부터 잘생긴 아이와 못생긴 아이로 구분을 하고 똑똑한 아이와 똑똑하지 않은 아이로 나눈다. 이 세상을 그 두 가지로만 살 수 있다면 지금 살아남은 사람은 아주 극히 드물 것이다. 세상에는 다양한 개성과 성격을 지닌 사람들이 무수하다. 그리고 그 사람들 하나하나는 굉장히 소중하다.

하지만 그것을 객관적인 시각과 그룹의 단편적인 판단으로 나눈다면 매우 심한 결과를 낳게 된다. 그렇지 않은 사람들은 열등감 속에 살아야 한다.

무엇보다 자신을 있는 그대로 받아들이고 사랑해야 한다. 하지만 내가 가진 것보다 부족함을 먼저 생각하기 때문에 말처럼 쉽지는 않다. 그러나 반대로 내가 가진 것과 나의 장점들을 오히려 감사하게 생각하고 단점을 인정하며 스스로 노력한다면 성공적인 자신감의 길은 훨씬 더 빨라질 것이다. 현실의 처지를 원망하며 살 것이냐, 아니면 단점을 인정하고 장점을 키울 것이냐는 스스로의 판단에 달려있기 때문이다.

둘째, 대인관계의 긴장감 때문이다. 대인관계의 긴장감 때문에 사람들을 만날 때 편안한 마음보다는 의식적인 만남이 많게 되므로 항상 '상대방이 날 어떻게 생각할까?', '나를 어떻게 보여야 할까.'에만 집중했던 것 같다. 이는 사람들로부터 '거절당할까 봐', '비난받을까 봐', '실망할까 봐' 등의 두려운 마음들에서 비롯되어 의사소통을 어렵게 만들었다. 그러다 보니 '차라리 아무 말도 하지 않는 편이 낫겠다.'는 마음을 먹게 되었고 상대방이 듣고 싶어 하는 말만 하게 되었다.

결국 근거 없는 칭찬만 늘어놓아 상대방과 깊은 대화를 나눌 수 없으며 요점 없는 대화에 상대방도 불편함을 느끼게 되었다. 그렇게 서로의 의사소통은 점점 더 어려워지게 되면서 관계는 나아질 수가 없었다. 사람을 만났을 때 지나치게 긴장하는 사람들은 전화도 마음 편하게 못 한다. 전화기를 들고 몇 번이나 망설이고 다짐한 후에 비로소 통화 버튼을 누를 수 있다. 상대방의 거절이 두려워서 또는 귀찮아 할 것이라는 생각이 들면서 '아닐 거야'라고 기대하면서 어렵게 전화를 한다. 이렇게 사람들 앞에 나서는 어려움이나 불안 같은 증상이 심할 수록 벗어나고 싶은 동기도 강해진다.

나는 이렇게 사람들 앞에서 자신감 없이 자신에 대한 표현이 서툰 사람들이 세상에 대해 조금 더 솔직하고 자신감 있게 자신을 표현하고 나설 수 있는 그런 멋진 '나'가 되길 바란다.

불안은 왜 생기는 것일까?

사람이 언제 공포를 느끼는지 캐나다의 한 대학에서 조사를 했는데 사람들이 가장 공포를 느낄 때가 어두운 곳에 혼자 있을 때, 벌레를 봤을 때, 높은 곳에 있을 때 그리고 대중 앞에 서서 말하라고 했을 때라고 한다. 이렇듯 여러 사람 앞에서 하는 발표가 두려운 것은 비단 우리나라 사람뿐만이 아니다. 세계에 있는 모든 이들도 마찬가지인 것이다.

불안이란 사람들 앞에서 무언가 보여 주어야 할 때 자신이 한 행동이 잘못되거나 부정확하게 보여지는 것에 대해 두려워하는 것이다. 여러 사람들 앞에서 발표하는 상황은 불안 증상이 있는 사람들이 가장 흔하게 두려워하는 상황이다. 나에게 프레젠테이션을 배운 몇몇 분들의 불안 증상과 원인을 사례로 살펴보겠다.

사례 1) 여러 사람들 앞에서 발표할 때

1대1로 설명이나 대화는 잘하지만 똑같은 내용을 여러 사람들 앞에서 발표할 때 잘 안 된다. 더구나 상대가 나를 무능하다고 생각할 것이라고 믿게 되면 사태는 더욱 심각해진다. 이런 상황에 처하면 더욱 불안하고 초조해져 자리를 떠나고 싶거나 피하고 싶어진다. 그리고 그런 자신에게 실망하며 괴로워진다.

40대의 전문직인 최 모 씨. 그는 잘나가는 강남의 공인중개사이다. 그것도 빌딩매매만 전문적으로 거래하는 유능한 공인중개사이다. 그는 특히나 사람들을 많이 만나서 물건을 설명하고 매도, 매수자들 간에 거래를 성사시키기 위해 끊임없이 설득해야 한다. 그는 고객과 1대1로 설명하거나 설득을 할 때는 말을 잘한다. 하지만 많은 사람들 앞에서 매물 건을 설명하는 상황에서는 문제가 생긴다. 항상 긴장되고 초조해지는 것이다. 이럴 경우 최 씨는 얼굴과 손에서 땀이 많이 나기 시작하고 심장박동이 빨라지고 숨도 가빠진다. 그리고 손발이 심하게 떨리고 온몸이 뻣뻣해지면서 아무 생각이 나지 않는다. 그런 자신의 모습을 사람들이 알아차릴 것이며 그런 그를 사람들이 이상하게 생각할 것이라고 믿으며 앞으로 자신에게 의뢰 또는 매매를 맡기지 않을 것이라고 걱정하였다. 이런 이유로 최 씨는 여러 사람이 모인 곳에 서는 게 두려웠고 고객이 줄어들까 봐 걱정하였다. 그리고 불안 때문에 실력을 제대로 발휘하지 못하는 자신을 심하게 질책한다.

사례 2) 낯선 사람들과 이야기할 때

낯선 사람들이 자신을 이상하게 여기거나 우습게 생각하지 않을까 두려워한다. 그리고 자신의 목소리에 집중하게 되고 자신의 목소리가 떨리는 것을 느끼고 더욱 불안해하며 상대방이 눈치챌까 봐 눈조차 제대로 마주치질 못한다.

20대의 대학생인 김 양은 자신의 말투가 너무 어리숙하게 보여서 상대방이 자신을 우습게 볼까 봐 신경을 쓴다. 그래서 말을 잘하려고 신경을 많이 쓰는데 그럴수록 말이 생각대로 안 나왔고 목소리도 떨린다. 얼마 전에는 상대방이 자신에게 한 이야기를 잘못 이해했는데도 제대로 말도 못 하고 그냥 넘어갔다. 상대방이 이야기를 이해 못한 자신을 더 이상하게 생각할까 봐 두려워서 말하지 못하였다고 한다.

사례 3) 이성과 이야기할 때

누구에게나 이성을 만나거나 이성과 함께 있을 때 몹시 긴장했던 경험이 한 번쯤은 있을 것이다. 이성과 함께할 때 대부분의 사람들이 다소 불안을 경험할 수 있지만 데이트나 이성을 만나는 경우에는 그 정도가 심해서 전혀 이성 관계를 맺을 수 없는 사람들도 있다.

30대 직장인 박 씨는 다른 대인관계 상황에서도 약간의 불안이나 두려움은 느끼지만 여성과 데이트를 할 때는 더욱 심한 두려움을 느낀다. 이성과 마주앉아 이야기하게 되면 얼굴이 붉어지고 땀이 나며 온몸이 떨려 말이 제대로 나오지 않았다. 특히 목소리가 떨리고 침 삼키는 소리조차 너무 크게 들려 상대방이 알아차릴까 봐 걱정했다. 무엇보다 이성을 만날 때면 얼굴이 붉어지고 상대의 칭찬이나 말 한마디에도 부끄러워졌다. 그러다 한번은 소개로 만난 상대 여성이 무척 마음에 들었는데 목소리도 제대로 나오지도 않고 더 많이 떨렸다. 그는 상대가 이런 자신의 모습을 보고 남자답지 못하고 자신감이 없다고 생각해서 싫어할까 봐 두려웠다. 그래서 상대가 마음에 들었음에도 불구하고 또 다른 실수를 해서 더 당황스러워질까 봐 얼른 핑계를 대고 그 자리에서 일어났다. 그 후 그는 이성과의 만남이 더욱 어렵게 느껴졌고 이러다가 결혼도 못 할 것 같다는 두려움을 갖기도 했다.

불안장애에 대한 오해와 진실

얼마 전 개그맨 정형돈 씨가 평소에 앓고 있던 불안장애 증상이 심해지면서 〈무한도전〉을 포함한 모든 방송 활동을 잠정적으로 중단했다. 그로 인해 많은 사람들이 안타까워했다. 나도 그중의 한 사람이었다.

국민건강보험공단 자료를 보면 2013년에 불안장애 때문에 병원을 찾은 사람이 무려 52만 명이나 된다고 한다. 불안장애는 단어로 대충 짐작이 가긴 하지만 정확하게 '불안하다'라는 뜻으로 마음이 편치 않은 상태라고 할 수 있다. 즉 긴장하는 것 이상으로 견디기 어려울 정도의 어떤 자율신경계 움직임을 뜻한다. 예를 들면 심박 수가 올라간다든지 숨 쉬기가 답답하다든지 아니면 온몸에 손발이 짜릿짜릿, 찌릿찌릿하고 어지러움 증상이 생기는 것과 같이 위험한 시기에 위험한 순간이 다가왔을 때 느끼게 되는 극심한 긴장 같은 것들이다. 그러나 그렇지 않은 상황에도 계속 증상이 나타나게 될 때 우리가 불안장애라고 얘기한다. 심리적인 불안 요인이 몸의 변화를 가져오는데 그 변화의 정도가 아주 극단적인 상황일 때 올 수 있는 변화가 오는 것이다. 그리고 그런 불안 상황이 해제된 상황에도 지속되면 문제가 생긴다.

한편 극단적인 상황을 자꾸 경험할 때 우리는 공황 발작이 온다고 얘기한다. 즉 무슨 불이 났거나 아니면 정말 물에 빠질 정도의 극심하며 진짜 위험한 상황이라고 우리 뇌가 오인하는 경우가 반복될 때 공황장애라고 얘기한다. 그렇지 않고 약간 저강도의 염려와 걱정 같은 것은 경미하다. 오히려 우리 몸에서 긴장을 한다는 것은 시험을 준비한다든지 발표를 앞두고 잘 대비할 수 있게 하는 시스템이기 때문에 사실 우리 몸 안에 원래 존재하는 것이며 그게 잘 작동하면 오히려 효과적이다.

하지만 무슨 일이 일어날 것만 같고 나쁜 일이 생길 것만 같고 위험한 일이 생길 것만 같은 것으로 경미한 긴장상태 이외에도 계속 긴장상태나 염려 또는 걱정이 지속될 때 우리는 불안장애로 의심할 수 있다. 예를 들면 버스를 타고 가다가 '이 버스가 전복되진 않을까'라고 생각하는 불안 같은 것이다. 또한 우리 가족에게 안 좋은 일이 생길 것 같고 자꾸 나쁜 일이 벌어질 것 같고 거기에 대한 생각들이 비합리적이고 현실적이지 않다는 것을 아는데도 그런 식의 생각들을 한다. 그러니 거기에 맞춰서 내 몸이 미리 위험하지 않기 위해서 대응을 지나치게 미리 해놓고 있는 것이다. 그러다 보니까 더 피곤해지고 일상생활에서 긴장감이 유지가 되다 보니까 지치고 실수하게 되는 일이 도리어 더 생기게 된다. "이것이 정말 안 좋구나."라는 확신을 하는 악순환이 계속되는 것이다.

만성적으로 불안장애가 반복되는 경우엔 사람이 지치게 되고 자기 자신에 대한 좌절감이라든지 실망감이 생기게 된다. 그리고 '왜 그럴까'라고 자꾸 그 이유를 찾다 보면 그런 부분들이 반복되고 그 때문에 다시 지치게 되어 소진이 일어나게 된다. 결국 우울 증상이 발발되는 경우가 많다.

불안을 사전에서 찾아보면 '마음이 조마조마하고 걱정이 있는 것으로 이는 대개 정상적인 반응이다'라고 설명하고 있다. 여기서 중요한 것은 '마음이 조마조마하고 걱정이 있는 상태'가 아닌 '정상적인 반응'이라는 것이다. 즉 누구나 다 가지고 있고 겪고 있는 증상이라는 것이다. 그러나 우리는 이것을 심각하게 받아들이고 인정하고 싶지 않으며 열등감이 클수록 불안을 받아들이지 않고 털어놓지 않는다. 하지만 그럴수록 더 심하게 불안감을 가지게 된다. 우리가 발표를 앞두고 흔히 겪게 되는 불안 증상은 매우 정상적인 반응이며 오히려 적당한 긴장과 스트레스로 준비하는 대처 능력을 통해 발표 능력을 향상시킬 수 있다.

나의 불안 증상 이해하기

하이데거M. Heidegger, 1889~1976의 『존재와 시간』이란 책을 보면 우리는 생각지도 않은 일이 발생하면 '이건 뭐야?' 라며 당혹감에 젖게 된다고 한다. 프레젠테이션도 준비 없이 서게 되면 생각지 못한 당혹감에 빠져서 부정적으로 생각하게 된다. 하지만 중요한 것은 생각하게 되는 순간 '늦었다'라는 후회가 밀려오기 시작한다는 것이다. 생각은 오직 기대하지 않았던 사건과 조우할 때에만 발생하는 것이다.

"박 대리 ○○○입찰이니까, 프레젠테이션 준비해."
"네……. 알겠습니다."

부장님으로부터 프레젠테이션을 준비하라는 얘기를 듣는 순간부터 떨리기 시작했다. 알 수 없는 두려움이 몰려왔다. 대리 1년 차로 지금까지 프레젠테이션을 할 기회를 잘 피해왔었다. 하지만 영업부서로 발령 받은 이상 프레젠테이션을 피할 수 없었다. 몇 분 동안은 아무 생각 없이 가만히 앉아있었다.

제일 먼저 관찰해야 하는 것은 자신의 신체적 반응이다. 우리는 앞에서 불안해질 때의 다양한 신체적 증상들을 경험했다. 그리고 그런 상황에 접했을 때 떠오르는 자동적인 생각들이 있다. 이런 자동적인 생각은 거의 의도하지 않고 노력하지 않아도 머릿속에서 자동적으로 떠오르게 된다. 그리고 마지막으로 관찰해야 하는 것은 불안해질 때 우리가 하는 행동이다. 전형적인 행동은 두려운 상황을 회피하려 하는 행동이다. 두려운 상황을 계속 회피함으로써 적절히 행동할 기회가 점차 줄어들게 되고 사실은 그렇게 걱정할 만한 일이 일어나지 않는다는 것을 배울 수 없게 된다. 이런 회피로 인해 불안 증상이 계속 유지되는 것이다. 또한 이렇게 두려운 상황을 완전히 회피할 뿐 아니라 안전 행동을 함으로써 미묘하게 회피하기도 한다.

1)신체적 증상(physical symptom)

신체적 증상은 우리가 불안을 경험할 때 제일 먼저 나타나게 되고 발표자가 가장 먼저 인지하게 되는 신체적 반응이다. 여러 사람들 앞에 서는 상황에 직면하게 되면 가슴이 두근거리고 심장박동이 빨라지고 손발이나 목소리가 떨리며 숨이 가빠지고 얼굴이 붉어지며 어지럽고 근육이 긴장하며 배가 아픈 것 같은 유쾌하지 않은 신체적 증상들을 경험한다. 특히 불안을 경험하는 사람들은 다른 사람들의 시선을 매우 중요하게 생각하기 때문에 몸이나 목소리가 떨리거나 얼굴이 붉어지거나 땀이 나는 것과 같은 눈에 띄는 신체적 증상들에 신경을 쓴다. 그리고 그 신체적 증상을 느꼈을 때 더욱더 긴장하게 된다.

이럴 경우 뜻하지 않게 우리가 준비하고 계획했던 일들이 수포로 돌아가거나 목표를 달성하지 못하는 끔찍한 결과로 나타난다. 임원 앞에서 프레젠테이션이나 성과 보고, 대학교에서 조별 발표 등을 해야 할 때 생기는 불안 증상들을 직접적으로 중지시킬 수 있는 것은 아니지만 조금 안정되어지면 신체 증상은 저절로 없어진다. 그러나 반대로 다른 사람들로부터 객관적인 피드백을 받아 보면 놀랍게도 이런 증상들은 자신이 생각하는 것만큼 눈에 띄지 않는다는 것을 알게 될 것이다.

2)인지적 증상(Cognition symptom)

다른 사람들 앞에서 심한 불안감을 느낄 때면 머릿속에서 많은 생각이 스쳐 지나간다. 그리고 이런 생각이 자주 들면 통제할 수 없을 정도로 자동화되어 생각을 하지 않으려 노력해도 어느새 자신의 머릿속을 채우게 된다. "난 이 자리에 어울리지 않아.", "난 참 멍청한 소리만 해.", "난 부적절해.", "다른 사람들은 나를 바보 같다고 생각할 거야.", "내 목소리가 이렇게 떨리는 것을 본다면 이상하다고 생각할 거야." 심리학에서는 이런 종류의 생각을 '비합리적'이라고 한다. 이는 타당한 이유가 없다는 의미이다. 또는 부적응적인 생각이라고도 한다. 사실 이런 생각들은 보다 더 불안감을 증폭시키고 결과적으로 대인 관계를 불편하게 만든다.

3)행동적 증상(action symptom)

불안한 상황에서의 부적절한 행동 증상은 불안한 상황에서 느끼는 강렬한 불편감에 대한 반응이다. 신체의 고통과 같이 불안은 어떤 행동을 취하기를 요구하는 위험 신호이다. 이런 반응 중에 하나가 '몸이 얼어붙는 것'이다. 즉 아무런 행동을 하지 못하는 것이다. 또 이것은 위험에 처했을 때 생길 수 있는 생리적인 반응이다. 얼어붙는 반응을 경험할 때는 말하거나 움직이거나 회상하는 등의 자발적인 행동을 할 수 없다. 심지어 자신의 이름이나 집 전화번호조차 생각이 나지 않을 수도 있다. 반드시 기억할 점은 대개 이 반응은 매우 짧은 시간 동안 지속되고 조금 지나면 사라진다는 것이다.

얼마 전 TV 프로그램에서 〈아빠를 부탁해〉를 시청한 적이 있다. 평소 표현이 서툰 아빠들이 딸과 함께 지내며 좌충우돌하는 관찰 예능 프로그램이다. 그날은 영화배우 조재현과 딸 조혜정이 나오는 장면이었는데 이날 조재현은 플라잉 요가를 하고 싶어 하는 딸을 위해 플라잉 요가 학원을 찾았다. 조재현은 굳어버린 몸을 풀며 힘들어했다. 부족한 유연성 탓에 동작이 쉽지 않았다. 기초 자세를 배운 조재현은 플라잉 요가 강사에게 "효과가 무엇이냐."고 물었다. 이에 강사는 너무 긴장한 나머지 질문과 다른 이상한 대답을 했다. 자신의 대답이 삼천포로 빠지자 "나 어떡해. 판타지는 아니에요."라며 부끄러워했다. 이어 강사는 나쁜 자세 시범을 직접 선보이다 줄에 걸렸고 "괜찮냐."

고 묻는 조재현과 제작진에게 "너무 떨려요."라며 긴장 상태를 표현해 시청자들의 웃음을 자아냈다. 이에 조재현은 긴장을 풀어주고자 고향을 물었고 요가 강사는 "광주"라고 답했으나 광주 어디냐는 조재현의 세부 질문에 갑자기 기억이 안 난다며 크게 당황해하는 모습을 본 적이 있다. 방송 첫 출연으로 많은 스태프 앞에 서다 보니 긴장을 많이 한 것 같았다.

이렇듯 긴장으로 인한 불안 증상은 짧은 시간에 자신의 집조차 생각이 나지 않는 상황까지 발생시킨다. 그러나 이 반응은 매우 짧은 시간이며 그 이후에는 생각이 나게 된다.

예를 들어 우리가 아무런 안전장치 없이 맹수를 조우했을 때 느끼는 반응이 있다. 만약 당신이 길을 가다가 무서운 사자를 길에서 조우했다고 생각해 보자. 그러면 어떻겠는가? 아마 몸이 얼어붙은 것처

럼 아무런 행동도 취하지 못하게 될 것이다. 무엇보다 머릿속은 하얗게 되어 아무것도 생각이 나지 않을 것이다. 그리고 짧은 시간이 지나면 정신을 차려 젖 먹던 힘을 다해 도망칠 것이다. 바로 맹수를 만났을 때 느끼는 불안과 반응이 우리가 불안한 상황에 직면했을 때 나타나는 반응과 유사하다. 불안한 상황에서 느끼는 긴장과 스트레스가 우리가 맹수를 만났을 때 느끼는 불안과 스트레스에 맞먹는다는 것이다. 하지만 반대로 짧은 시간이 지나면 우리는 정신을 차리게 되고 그때부터 초인적인 힘을 다해 맹수로부터 도망갈 것이다. 이렇듯 초인적인 힘을 프레젠테이션 발표에 사용한다면 더 큰 효과를 낼 것이다. 사람들 앞에서 발표를 하거나 프레젠테이션을 할 때 적당한 긴장과 스트레스는 도움이 된다는 것이다.

또 다른 행동적 증상은 회피이다. 불안을 경험한 사람들은 사람들이 자신을 관찰하거나 평가하는 상황을 회피하거나 두려워한다. 이들은 많은 대인 관계 상황을 불편해하므로 아예 피하게 된다. 그러나 불안 증상을 지닌 모든 사람이 불안한 상황을 완전히 피하는 것은 아니다. 피할 수 없거나 피하려 하지 않는 사람들도 있다. 그러나 이런 사람들도 미묘한 형태의 회피를 보인다. 안전 행동이라고 부르는 이런 행동은 다른 사람들로부터 부정적인 평가를 받는 것을 막거나 줄이기 위해 두려운 상황에서 대처하는 행동이다. 예를 들어 발표할 때 목소리가 떨리는 것을 두려워하는 사람은 실제로 발표 상황에서 필요 이상으로 발표를 짧게 하거나 말을 빨리 해버린다. 또한 사람들 앞에서 얼굴이 붉어지는 것을 두려워하는 사람들은 화장을 진하게 하거나 큰 안경을 써서 감추려고 한다.

사회생활을 하다 보면 불안하게 느끼는 상황들이 많이 있다. 예를 들어 내일 중요한 발표를 해야 되는데 준비가 안 되었다고 생각해 보면 누구나 불안을 느낄 것이다. 이러한 상황에서 불안하게 느끼는 것은 지극히 당연한 것으로 그 상황을 객관적이고 현실적으로 평가해야 한다. 만약 우리가 이런 상황에서 불안을 느끼지 못한다면 준비를 하지 않게 될 것이고 그러다 보면 발표를 제대로 할 수 없을 것이다.

신체적 반응: 가슴이 뛴다, 숨 쉬기가 힘들다, 목소리가 떨린다, 손이나 몸이 떨린다, 얼굴이 붉어진다, 근육이 경직된다, 땀이 난다, 입이 마른다, 몸이 뻣뻣해진다, 열이 나거나 싸늘해진다.

자동적 생각: 우습게 보일 거야, 무능하게 보일 거야, 남들이 나를 바보 같다고 생각할 거야, 나는 제대로 하는 게 하나도 없어, 이렇게 떨다 보면 끝까지 할 수 없을지도 몰라, 잘해야 돼, 실수하면 끝장이야.

행동적 증상: 시선을 피한다, 내 목소리에 집중한다, 구석에 앉거나 구석으로 간다, 말하는 동안 내가 하는 말을 계속 검열한다, 내 기회를 스스로 제한한다, 약이나 술을 사용한다, 말을 되도록 적게 한다, 말하는 도중 중단되는 것을 피하려고 애쓴다, 되도록 타인의 주의를 끌지 않게 한다.

불안을 없애자:
'자동적 생각 바꾸기'

잠재의식은 옳고 그름을 판단하거나 선택하는 능력이 전혀 없다. 마음속 즉 현재 의식에서 생각한 것을 무조건 실현한다. '나는 돈을 많이 벌고 싶지만 나에게는 그럴 능력이 없다.'라고 말하면 잠재의식은 그것을 진실로 받아들인다. 반대로 '나는 반드시 부자가 되고 말겠다.'라고 말하면 그것 역시 진실로 받아들여 끝내 이루어내고 만다. 그러므로 '나는 실패할 것이다.'라든가, '잘 안될 것이다.'는 등의 부정적인 말을 절대로 해서는 안 된다. 그것은 겸손이 아니다. 그것은 스스로를 파멸로 몰아가는 무서운 짓이다. 언제나 좋은 것만을 잠재의식 속에 심도록 해야 한다. 그것이 마치 습관처럼 되도록 해야 한다. 좋은 미래를 반복해서 생각하고 있는 동안 서서히 당신 자신은 변하게 된다. 그리고 문득 깨달았을 때 당신은 보다 안정되고 매력적인 자신, 풍요롭고 행복해진 자신을 발견하게 될 것이다.

불안을 없애기 위해서는 '자동적 생각 바꾸기'가 중요하다. 자동적 생각 바꾸기로 사건을 어떻게 지각하는가에 따라 생각을 모니터링할 수 있고 생각을 바꿈으로 인해 감정과 행동을 바꿀 수 있다. 긍정적인 모니터링을 통해 감정과 행동을 긍정적으로 유도할 수 있다.

첫째, 사건을 어떻게 지각하는가가 긍정적으로든 부정적으로든 감정과 행동에 영향을 미칠 수 있다. 예를 들어 당신이 아침에 출근하는데 이웃에 사는 사람을 보고 인사를 했다. 그런데 그 이웃에 사는 사람은 당신을 보고 인사를 하지 않고 지나갔다고 하자. 이때 이웃에 사는 사람이 나를 무시해서 그런 것이라고 생각하게 되면 기분이 나빠질 것이고 다음에 만나게 되었을 때 서먹하게 대할 것이다. 그러다 사소한 일로 이웃과 부딪히게 되면 쌓였던 게 폭발하여 더 큰 화를 내게 된다. 하지만 보지 못해서 인사를 못 했다고 생각한다면 기분이 나빠지지 않을 것이며 다음에 그 사람을 보아도 아무렇지 않게 대할 수 있을 것이다.

둘째, 생각은 모니터링할 수 있고 바꿀 수 있다. 즉 자신의 사고방식을 알고 평가하는 것이 가능하다는 것이다. 부적응적인 생각을 파악해서 적응적인 생각으로 바꾸는 작업이 필요하다.

자동적 생각은 거의 의도하지 않고 노력하지 않아도 머릿속에서 자동적으로 떠오르게 되지만 많은 경우 스스로도 이런 생각들을 의식하지 못한다. 그럴듯하거나 합리적인 것처럼 보이지만 그것이 옳은지 의문을 갖거나 검증하지 않은 채 무조건 타당한 것으로 받아들인다. 따라서 그러한 생각이 틀리다는 객관적 증거가 있음에도 불구하고 이러한 생각이 나타날 수 있다.

셋째, 생각을 바꿈으로써 감정이나 행동을 바람직한 방향으로 바꿀 수 있다. 만일 당신이 자신의 생각을 변화시킬 수 있다면 자신의 감정과 행동도 역시 변화될 수 있다. 이런 이유 때문에 우리가 하는 잘못된 생각과 신념을 알아내고 적응된 것을 바꾸는 방법을 배우는 것이 필요하다.

불안이나 걱정거리가 생겼다고 두려워할 필요는 없다. 때로는 불안이나 걱정이 약이 될 수도 있다는 것을 마음에 새겨야 한다. 걱정거리나 근심거리는 새로운 것을 생각해 내는 하나의 계기가 될 수도 있기 때문이다. 마음을 이렇게 먹는다면 아무리 큰 어려움이 닥친다고 해도 정면으로 대응할 수 있게 된다.

내 생애 가장 떨리는 날

세상을 살다 보면 우리는 자주 중요하고 설레는 순간과 만나게 된다. 초등학교에 처음 입학하여 친구들을 만나는 날, 대학교에 입학하여 첫 미팅을 나가는 날, 그리고 나의 운명과도 같은 사랑을 만나던 날. 그러나 생각해 보면 이보다 더 나를 긴장되게 하는 날이 있다. 바로 첫 프레젠테이션을 하는 날이다. 다른 중요한 순간은 잘못해도 만회할 수 있지만 프레젠테이션은 두 번의 기회란 없는 법이다. 그래서 더욱 치밀하게 준비하고 연습해야만 한다.

프레젠테이션을 잘하는 사람을 보면 어떤 생각이 드는지에 대해 물어본 결과 '능력 있고 일도 잘한다고 생각한다.'라는 답변이 98퍼센트였다. 그만큼 프레젠테이션 능력과 일은 상관성이 깊다고 보고 있는 것이다.

예전에 중요한 프레젠테이션 발표를 앞두고 발표 장소에 늦게 도착한 적이 있었다. 모 건설사 모델하우스에서 건설사 임원과 중역들을 대상으로 설명회를 가진 적이 있었는데 그날 하필이면 장소에 늦게 나타난 것이다. '늦게'라는 것은 발표 예정 시간을 지나서 도착했다는 의미가 아니라 발표 예정 시간보다 30분 일찍 와야 하는데 그만 5분 전에 도착하고 만 것이다. 도착하니 바로 신축 모델하우스 입구였고 들어서는 순간 내 왼쪽 양말에 큰 구멍이 나있는 것을 확인했다. 움찔했다. 엎친 데 덮친 격으로 슬리퍼도 없었다. 그대로 곧장 편의점으로 향하고 싶었지만 이미 발표 시간보다 일찍 건설사 임원들과 중역들이 입구 앞에 차려진 프레젠테이션 발표장에 자리 잡고 앉아서 프레젠터를 기다리고 있던 참이었다. 순간 막막했다. 돌아서서 곧장 나가고 싶었지만 그럴 수도 없는 상황이었다.

결국 그날의 발표는 기대 이하였다. 아니 대실패였다. 잊을 수 없는 치욕이었다. 청중석의 건설사 임원과 중역들의 시선이 모두 내 왼쪽의 구멍 난 양말 사이로 솟아오른 엄지발가락에 가 있었다. 정확히 그들의 시선은 나의 왼쪽 발을 향하고 있었고 몇몇은 웃음을 참지 못하는 표정이었다. 등줄기에 땀이 스르륵 흘러내렸다. 쥐구멍이라도 있으면 숨고 싶었다. 아니 솔직히 밖으로 뛰쳐나가고 싶었다. 그렇게 나는 하는 둥 마는 둥 허겁지겁 프레젠테이션을 마쳐야 했다.

후회스러웠다. 아니 변명에 가까웠다. 차라리 그날 점심식사 장소가 신발을 벗고 들어가는 식당이었으면 미리 알았을 텐데……하는 후회가 머릿속을 맴돌았다. 그날 점심 때 식사 장소가 온돌방이 아닌 식탁이 있는 식당이었다 보니 내가 신발을 벗을 일이 없었고 내 양말의 상태를 알 리가 없었다. 물론 그건 구차한 변명에 가까웠다. 하지만 그날의 프레젠테이션은 내게 많은 교훈을 주었다.

첫째는 발표 전 장소를 미리 확인했어야 한다는 것이다. 발표 장소를 미리 아는 것과 모르는 것은 심리적으로도 큰 차이가 있다. 내가 발표할 장소를 미리 알아 놓으면 낯설지 않아 훨씬 더 긴장감이 줄게 된다. 청중들의 자리 배치, 장비들은 어디에 어떤 것들이 있는지 그리고 콘센트가 어느 위치에 있는지 등. 만약 콘센트 위치가 멀다면 멀티탭을 준비해야 한다. 마이크랑 조명 등을 미리 체크를 해두면 마음이 편하고 청중들에게도 준비성을 보여줄 수 있으며 시작이 순조로울 수 있기 때문이다. 만약 시간적 여유가 없다면 회의실 사진을 보는 것도 괜찮다. 요즈음 홈페이지 내 회의실 사진 등이 있어서 참고하면 좋다. 만약 회의실 사진이 없다면 동료나 담당자에게 부탁해서 현장 사진을 확보하는 것도 좋다.

둘째는 시간이다. 발표 시간보다 일찍 도착했더라면 근처 편의점에서 양말을 새로 사 갈아 신을 수 있는 여유가 있었을 텐데 너무 촉박하게 도착하다 보니 내 준비 부족을 알았더라도 조치할 수 있는 여유가 없었다. 그리고 너무 조급한 마음에 프레젠테이션도 제대로 하지 못했던 것 같다. 발표 예정 시간보다 일찍 와서 회의실을 확인하고 자료를 준비하는 여유가 필요하다. 또한 미리 청중들에게 다가가 악수를 간단히 청하면서 얘기를 나눌 수 있는 여유가 있어야 한다. 미리 청중을 파악하면 친밀감이 생겨 발표 때 그 청중으로부터 좀 더 편안하게 시작할 수 있는 여유를 갖게 되고 떨림을 줄일 수 있다. 특히 시작할 때 청중들과 눈 마주침이 쉬워진다. 무엇보다 그 장소에 맞는 전략을 세울 수 있다. 만약 미리 알았더라면 다시 한 번 더 양말을 점검했을 것이다. 꼼꼼하게 점검하고 체크했어야 했다.

셋째는 여유다. 먼저 와서 긴장된 목, 어깨 근육을 풀어주거나 심호흡 몇 번으로 긴장감을 풀어주고 조음 기관도 풀어 주는 시간이 있어야 했다. 또한 내가 오늘 발표할 내용을 한번 더 반복해서 리허설을 해보는 것도 중요하다. 물론 앞에 청중이 있기 때문에 마음속으로만 발표를 하면서 리허설을 하는 것이다. 신체와 정신은 긴밀히 연결되어 있다. 사전에 미리 긍정적인 생각으로 리허설을 해본다면 긴장과 스트레스를 줄여주고 자신감을 불어넣을 수 있었다.

· 제09절 ·

쓸데없는 자존심은 버려라

우리는 사람들로부터 상처를 입는다. 그리고 그것 때문에 괴로워한다. 상처를 두려워하면 건강한 사람이 될 수 없다. 우리는 집에서, 직장에서 또는 사회에서 얼마든지 상처받을 수 있다. 상처를 어떻게 치유할 것인지가 중요하다. 그래야 관계가 회복이 된다. 그러나 우리는 조그마한 상처에도 몸살이 난다. 그리고 특정인과의 관계를 단절시킨다. 상처 받지 않고 사랑하는 방법은 없다. 사람에게 실망했을 때 그 사람을 보지 말고 나를 봐야 한다. 만약 상처 받지 않고 사랑할 수 있다면 곪을 대로 곪은 것에 치료 방법이 없다고 우기는 것과 비슷하다. 곪은 것은 찢고 도려내야 한다. 그래야 건강해질 수 있다.

세상의 지식은 아무리 쌓아도 나에게 상처 주지 않는다. 그러나 사람은 나에게 상처를 준다. 만약 상처 받지 않으려면 사람들과 단절하면 된다. 그러나 우리가 살아가기 위해선 사람들과의 연결이 중요하다. 이는 우리 모두가 연결되어 있기 때문이다. 가족을 중심으로 사회와

각 구성원들과 연결되어 있다. 연결 없이는 소외당하고 상처 받기 더 쉽다. 상처는 내가 약할 때 더 강해진다.

사람들이 과연 자신에게 상처를 입힐 수 있을까? 그들에게 그런 힘이 있을까? 그렇지 않다. 누군가 나를 나쁘게 말하거나 큰 소리로 욕을 했다고 해도 내가 그것 때문에 마음의 상처를 받고 모욕을 당했다고 하는 것은 어디까지나 내 자신이 그것을 모욕적인 일로 생각했기 때문이다. 누군가 나를 화나게 했다면 그것은 내가 화나는 일로 받아들였기 때문이다. 따라서 누군가 나를 자극할 때 이것을 기억하자. 모든 것은 나를 자극하는 그 일에 대해 내가 어떤 판단을 내리는가에 달려있다고. 단지 외부에서 일어나는 어떤 일 때문에 나의 감정에 불을 붙이고 습관처럼 그 감정에 이끌려 행동하지 말자.

마음의 상처를 치유하기 위해서는 그 아픔과 마주해야 한다. 삶의 상처를 정면으로 바라보는 것이 상처를 아물게 하는 첫걸음이다. 그러나 사람들은 의식적으로 혹은 무의식적으로 고통스런 기억을 피하려는 경향이 있다. 그 어떤 문제도 피해서는 해결할 수가 없다. 제대로 직면해야만 문제를 풀 수 있다.

어느 날부터 우리의 자존감은 점점 무너지고 있다. 무너진 자존감을 회복해야 한다. 우리 각자는 조건에 관계없이 한 인간으로서 소중한 존재이기 때문이다. 이런 귀한 인생을 열등감으로 무기력하게 만든다면 억울한 일이다. 우리는 선택해야 한다. 열등감에 쪼들리며 우울하게 살 것인가, 아니면 자존감을 가지고 자신감 있게 살 것인가?

자신의 선택에 달려 있다.

　자존감을 높이기 위해서는 먼저, 아무리 힘든 현실이라도 사실을 인정해야 그 고통 속에서 해방될 수 있다. 현실을 외면하고 좋았던 추억 속에서만 머물러 산다면 영원히 그 고통에서 나올 길은 없는 것이다. 직면하기 끔찍해 외면했던 일이라도 일단 인정하면 더 이상 나빠질 것이 없다. 오히려 마음이 편안해지고 담대해진다. 현실을 인정하면 놀라울 정도로 평화로워진다. 고통을 피하느라 쫓기고 움츠러들었던 마음이 무엇이든지 감당할 수 있을 것 같은 마음으로 바뀐다. 현실을 이해하고 인정하는 것이 주는 놀라운 힘이다. 그러기 위해서는 인내가 필요하다. 인내의 승리자가 시간의 승리자이며 시간의 승리자가 인생의 승리자이다. 스스로의 생각으로 다룰 수 있을 때까지 인내하고 시간을 기다려야 한다. 항상 우리는 내가 제일 힘들 때 나만 그럴 것이라고 생각한다. 하지만 비록 지금 힘들어도 현실을 인정하고 인내하면 그 인내는 우리에게 보상으로 돌아올 것이다.

• 제10절 •

수치심은 단절에 대한 공포

우리 삶의 목적과 의미를 부여하는 것은 바로 연결이다. 그리고 사회는 연결로부터 시작한다. 그리고 사람들과 이야기를 하면 우리가 연결 즉 이어져 있다는 것을 느낄 수 있다. 만약 상사로부터 평가를 받을 때 9가지를 매우 잘한다고 칭찬을 받은 다음에 "고쳐야 할 점" 한 가지에 대해 지적을 듣게 된다면 당신은 그 지적에 대해서만 몰입한다. 그리고 수치심을 느낀다. 또한 사랑에 대해 사람들에게 물어보면 그들은 이별의 아픔과 상대방으로부터 받은 상처에 대해서만 이야기하고 소속감에 대해서 물으면 그들은 소외를 받거나 멸시를 받고 가장 아프고 괴로웠던 이야기를 한다.

이것은 단절이다. 그리고 단절의 정체는 수치심이다. 수치심이란 것은 단절에 대한 공포라고 말할 수 있다. 나에 대한 어떤 것을 다른 사람들이 알게 되거나 또는 보게 될 때 나와 관계를 맺을 가치가 없다고 느끼는 생각이다. 특히 자신의 부족함이나 수치심에 대해 말을 하지 않는 사람일수록 더 수치심을 많이 느낀다. 이러한 수치심을 뒷받침해 주는 것은 "난 이러이러해서 못났어."라는 것인데 '난 충분하지 않아.', '난 잘생기지 않아.', '난 똑똑하지 않아.', '난 자신감이 없어.' 등 이 모두가 우리의 극심한 수치심을 말해 준다. 그리고 우리가 다른 사람들과 연결되기 위해서는 이 수치심을 극복해야 한다. 그리고 우리 자신을 다른 사람에게 솔직하게 보여야 한다.

자기 자신이 가치 있다고 생각하는 사람과 자기 자신이 충분히 괜찮은지를 몰라 항상 몸부림치는 두 그룹을 예로 들면 자신에 대한 자존감이 가장 핵심이다. 자존감을 가진 사람들은 사랑을 느끼고 어디에 소속되었다는 강력한 감정을 가지고 있다. 견고한 사랑과 소속에서 가치가 있다고 믿는 것이다. 즉 자신이 가치 있는 사람이라고 믿는 것이다. 반대로 우리가 연결을 하지 못하는 이유는 스스로가 가치가 없는 사람이라고 걱정하는 데 있다는 것이다. 자신이 가치가 있는 사람이라고 느끼는 사람의 공통적인 점은 자기 자신이 해낼 수 있다는 믿음을 갖고 무슨 일이든지 노력한다는 것이다.

자존감을 가진 사람들이 가진 공통점은 '용기Courage'이다. 용기 Courage와 용감Bravery의 의미는 다르다. 용기는 심장을 의미하는 라틴어 'cor'에서 유래됐는데 원래 의미는 내가 누구인지를 내 온 마음을 통해 솔직하게 표현하고 이야기한다는 것이다. 간단히 말해서 자신이 부족하고 불완전하다는 말을 할 용기가 있다는 것이다. 그리고 다른 사람들과 연결할 수 있는 진정한 자신을 보여 준 결과이기도 하다.

주변에 친구들이 많고 사랑받는 사람들을 보면 한 가지 공통점이 있다. 바로 자신의 이야기를 많이 들려주고 자신의 감정을 솔직히 표현한다는 점이다. 내가 먼저 솔직해지면 상대도 솔직한 자기 마음을 드러내는 경우를 흔히 볼 수 있다. 반대로 나의 솔직함이나 부족함을 먼저 드러내지 않을 경우 상대도 마찬가지이다. 하지만 먼저 자신의 솔직한 마음과 부족함을 드러낸다면 다른 사람에게 신뢰를 준다. 자신을 잘 알고 있는 사람만큼 정직한 사람은 없기 때문이다.

정직은 인간이 살아가는 데 있어 최고의 덕목이다. 이것을 부정하는 사람은 없다. 그러나 그것을 믿는 사람도 없다. 그리고 여러 가지 면에서 정직한 사람을 찾기 어렵다. '정의가 악을 이긴다.'고 우리는 믿지만 정말 정의로운 사람은 없다. 정의가 이긴다는 것은 아는데 정의가 이긴다는 것을 믿으면서 살지는 않는다. 솔직한 게 좋다고 믿지만 그것을 믿는 사람은 없다. 오히려 손해 볼 수 있다고 생각하며 이것을 부정하려 한다. 이렇게 우리 앞에 놓인 것도, 마땅히 믿어야 할 바도 믿지 못한다. 하지만 정직은 의심과 주저함, 어려움 없이 믿고 수용하고 맡기는 것이다.

정직함은 자신의 실수나 부족함을 인정하고 솔직함을 가질 때 비로소 드러난다. 그만큼 솔직함이란 덕목은 사람의 마음을 움직이는 큰 힘을 가졌다. 특히 자신의 부족함이나 실수를 정직하게 인정하는 사람에게는 신뢰감까지 갖게 된다. 프레젠테이션에 있어서도 이런 솔직함은 큰 힘을 발휘한다. 청중에게 한 치의 속임수도 없이 솔직 담백하게 진심을 전한다면 청중의 마음을 채운 빗장도 쉽게 풀리는 경우가 많다. 이렇듯 용기는 상대에게 내가 누구인지를 내 온 마음을 통해 솔직하게 표현하고 이야기한다는 것이다.

　다른 사람들의 지각을 버리고 있는 그대로의 '나'가 되기 위해서는 수치심을 완전히 포용해야 한다. 우리가 수치심을 극복하려면 진심을 다해야 한다. 이성으로부터 거절을 당하고, 면접에서 떨어지고, 회사로부터 해고당하고……. 우리는 이런 삶을 살고 있다. 상처 받기 쉽고 피해를 입기 쉬운 세상을 살고 있다. 그러나 우리는 반대로 수치심을 마비시키고 있다. 즉 이를 피하거나 아니면 감정을 선택적으로 마비시키고 있다.

　그러나 피해서도 안 되며 감정을 선택적으로 마비시킬 수 없다는 걸 알아야 한다. 취약성, 비통함, 수치감, 공포감, 실망감 같이 나쁜 것들은 느끼고 싶지 않아 생각을 피하고 포장하고 아니면 술을 마시거나 약물을 복용하는 등 다른 행동으로 피하거나 잊으려 한다. 그러나 우리는 다른 감정에 영향을 주지 않고 이런 불편한 감정만 마비시키는 것은 불가능하다. 선택적으로 감정을 마비시킬 수는 없기 때문이다. 반대로 이런 감정을 마비시키면 우리는 즐거움도 마비시키고 고마운 마음도 마비시키고 행복감도 마비시키게 된다. 그러면 우리는 비참해지고 삶의 목적과 의미를 찾지 못하며 더욱 수치심을 느끼게 된다. 결국 술을 마시거나 다른 것을 먹게 되며 계속 잊거나 피하려 하는 위험한 악순환이 시작된다.

　우리는 불확실한 모든 것들을 확실한 것으로 만들기도 한다. '난 옳고 넌 틀리니까 닥쳐.'라고 욕을 한다. 이것은 우리가 두려워질수록, 수치심이 심해질수록 더 강해진다. 오늘날의 정치도 마찬가지다. 이제는 대화가 사라져서 더 이상 담화를 나누지 않고 그냥 서로 비난만 한다. 비난은 아픔과 괴로움을 없애는 방법이 아니다.

우리는 우리 삶을 완벽하게 꾸미려고 한다. 그러나 생각처럼 되진 않는다. 그리고 가장 위험한 건 우리가 우리 자신을 완벽하게 만들려고 하는 것이다. 아니 그렇게 착각하며 살아가려고 하는 것이다. '나는 불완전하고 애쓰며 살아가도록 태어났지만 사랑받고 소속될 가치가 있다'라고 믿는 것이 진정한 믿음이며 용기이다.

내가 사랑받을 가치가 있다는 걸 알고 내가 가지고 있는 것에 만족할 줄 아는 것이 중요하다. 나의 부족함을 인정하고 그 부족함을 극복하려고 노력한다면, 그리고 '난 충분해.'라고 인정하기 시작한다면 주변 사람들에게 친절하고 관대해질 것이다. "왜 내가 사랑하는 사람들은 모두 날 함부로 대하는 걸까?"에 대한 답은 "스스로를 그렇게 취급하기 때문이다."인 것이다.

· 제11절 ·

시한폭탄 같은 열등감

열등감은 18년의 감옥살이를 선택하게도 만든다. 영화 〈더 리더The Reader〉로 유명한 베른하르트 슐링크의 『책 읽어주는 남자』란 책을 보면 열등감이 얼마나 괴롭고 무서운 것인지를 알 수 있다. 『책 읽어 주는 남자』의 내용은 다음과 같다. 1950년 초 독일의 어느 한 도시, 주인공 한나는 36살의 여성이다. 그녀는 혼자 외롭게 사는 전차 차장으로 글을 읽지도 쓰지도 못하는 문맹이다. 그녀는 자신이 문맹이라는 사실을 철저히 숨기고 살았다. 그리고 그 사실을 누구에게도 알리려고 하지 않았다. 아니 남들이 그 사실을 알게 될까 봐 두려워했다. 그런데 어느 날 미하엘 베르크라는 15살의 어린 남자를 만나게 되고 둘은 사랑에 빠진다. 열다섯 살짜리 소년과 서른여섯 살의 성숙한 여인은 정상적이라고 할 수 없는 충동적인 애정 관계에 빠지게 되고 폭풍 같은 사랑을 하게 된다.

그녀는 소년과 성적인 관계에도 불구하고 전혀 자신의 가족이나 과거에 대해 이야기하지 않는다. 또한 그녀의 감추고 싶은 열등감은 몇 가지 대표적인 사건에 의해 암시된다. 이를테면 그녀는 소년과 함께 떠난 자전거 여행에서 소년의 입장에서 볼 때 완전히 엉뚱한 사건을 벌여 두 사람 사이에 극단적인 갈등을 야기한다. 소년은 여행에서 함께 숙소에서 잠자리를 한 뒤 이른 아침 그녀에게 잠깐 산책을 다녀온다는 쪽지를 남기고 나갔다 들어오는데 그녀의 과격하고 이해 못할 행동을 보게 된 것이다. 즉 분명 쪽지를 남기고 나갔다 들어왔는데도 그녀는 마치 그 소년이 그녀를 두고 떠난 듯이 화를 내며 과격한 행동을 보였던 것이다. 그리고 소년은 자신을 변호하기 위해 쪽지를 찾았지만 어디에도 없었다.

그러던 어느 날 한나는 갑자기 미하엘을 떠난다. 그녀가 떠난 뒤 대학에 들어가 법학을 전공하던 미하엘은 세미나 관계로 방문하게 된 법정에서 우연히 피고인석의 그녀를 다시 만나게 된다. 나치 수용소에서 여자 감시원이었던 한나는 수용소에 수감된 유대인 여자들을 이송하던 중에 한 교회에 가두어 모두 불에 타 죽도록 한 혐의를 받고 있었던 것이다. 한나는 법정에서 기소된 다른 여자 감시원들이 그녀가 보고서를 작성했다고 모든 책임을 뒤집어씌웠다는 걸 알고 있지만 자신이 문맹이라는 것이 노출될까 봐 끝내 필적 감정을 거부하고 보고서를 자신이 작성했다고 시인하고 만다. 그리고 18년이라는 무거운 형을 받는다.

자신의 열등감을 극복하지 못하고 그래서 모든 죄를 뒤집어쓴 한나, 그리고 한나를 잊지 못하고 그녀를 기다린 미하엘. 베른하르트 슐

링크의 『책 읽어주는 남자』는 이 둘의 애틋한 사랑 이야기이다. 그녀는 자신이 글을 읽지도 쓰지도 못하는 것을 부끄럽게 생각했고 또 그렇기 때문에 자신의 약점을 노출시키기보다는 범죄자의 길을 택했던 것이다. 한나는 자신이 문맹이라는 사실을 밝히는 것과 18년 형을 사는 것 사이에서 갈등했으며, 끝내 자신이 문맹이라는 사실을 밝히고 수치를 당하는 것보다 차라리 18년 형을 사는 것을 선택했다. 이렇듯 열등감과 수치심은 정말 무섭고 괴로운 것이다. 자신을 파괴하는 시한폭탄과도 같은 열등감이다. 한나에게는 18년의 감옥살이보다 문맹이라는 열등감이 더 고통스럽고 괴로웠다.

열등감은 자신에 대한 낮은 평가에서 비롯된다. '나는 못생겼어.', '나는 바보 같아.', 그래서 사람들이 자기를 무시할 것이라고 판단하는 것이다. 그리고 그런 무시가 두려워서 자신의 열등감을 더욱 숨기려고 한다. 그리고 그 열등감을 철저히 숨기기 위해 많은 것을 포기하게 된다. 타인에게 더 잘 보이고 싶은 욕심으로부터 벗어나고자 애쓸 때, 그동안 숨겨 두었던 마음의 문이 열리면서 소통이 이루어진다. 그제야 마음과 마음으로 나누는 진실한 소통을 할 수 있다.

다른 사람과의 비교밖에 행복을 찾지 못하는 사람은 그 생각을 버리지 않는 한 더욱 괴로워진다. 아무리 노력해서 자신이 원하는 것을 얻어도 항상 자신보다 더 많이 가진 사람이 있기 마련이다. 행복한 인생을 살기 위해서는 자신만의 가치관을 세우고 그것에 충실하며 살아가야 한다. 누구도 가지고 있지 않지만 자신의 인생에 꼭 필요한 것이

라면 어떻게든 손에 넣기 위해 애써야 하는 그러한 자신만의 가치관
을 세울 필요가 있는 것이다.

낮은 자존감으로
열등감이 심했던 청년

열등감은 관점의 차이이다. 열등감은 항상 비관적이고 부정적으로 생각하게 만들기 때문에 문제가 된다. '내가 이 사실을 이야기하면 사람들은 날 싫어할 거야.' 등 늘 자신의 불완전하고 부족하며 충분하지 않은 사실에 대해 부정적인 평가를 스스로 기대하다 보면 자동적으로 열등감에 빠진다. 특히 아이들처럼 미숙한 사고방식에 빠지게 되는 문제가 생긴다. 또한 전체를 보지 못하고 일부만 보고 전체를 해석하는 미숙한 생각과 판단에 빠진다. 그리고 열등감에 빠지면 매사 부정적이고 절망적으로 해석한다. 스스로를 열등감의 늪으로 빠트린다.

나도 어린 시절부터 외모에 대한 콤플렉스가 심했다. 우선 숱 없는 곱슬머리와 작고 처진 눈 때문이었다. 정말이지 내 모습이 싫었던 적이 한두 번이 아니었다. 한번은 대학교 때 연애하던 시절 사귀던 여자친구로부터 갑작스레 이별 통보를 받은 적이 있었다. 나는 느끼지 못

했지만 여자 친구는 그 전부터 내게 불만과 불평이 있었던 것이다. 나만 몰랐던 것이다. 나는 여자 친구에게 헤어지는 이유에 대해 물었다. 여자 친구는 좋아하는 선배가 생겼다고 했다. 그 순간 내 머릿속에 짧고 명확한 한마디가 스쳐갔다. '그 자식의 눈은 나보다 크겠지'였다. 정말 비참했다. 그런데 그것보다 더 비참했던 것은 내가 그 선배를 한번 보고 싶다며 보여 달라고 여자 친구에게 이야기했다는 것이다. 여자 친구는 정말 당황스러워했다. 헤어진 이유가 나 때문인데 내가 무엇을 잘못했는지도 모른다는 눈빛이었다. 그러나 그땐 내겐 아무것도 보이지 않았다. 오직 그 선배가 나보다 눈이 더 큰지 그리고 외모가 더 좋은지만 궁금했던 것이다. 그리고 여자 친구가 외모 때문에 날 떠난 것이라는 착각에 빠졌다.

한때 이런 열등감에 빠져 내 자신이 힘들 때가 많았다. 외모에 대한 열등감은 외모만 보인다. 외모가 모든 평가의 기준이 된다. 내게도 그랬다. 외모만 보이고 다른 기준들은 모두 장님이 되었다. 이것은 아이들의 사고방식이다. 전체를 보지 못하고 일부만 보고 전체를 해석하는 미숙한 생각과 판단에 빠진 것이다. 그리고 열등감에 빠지면 매사부정적이고 절망적으로 해석한다. "날 싫어할 거야……"라고 말이다.

열등감이 심한 사람들은 자칫 시기심으로 이어질 수 있다. 시기심이란 나보다 성공이나 외모, 학력 등에 있어 뛰어난 능력을 가진 사람을 볼 때 화가 나는 심리이다. 그런 상대 앞에서 한없이 초라해지는 자신을 보면 상대방에게 화가 난다. 그리고 상대를 파괴하고 싶어지게 되는 것이다. 이렇듯 시기심을 가진 사람들은 원만한 대인관계를 갖기가 힘들다. 상대방과 겉으론 친한 척해도 속으로는 시기하고 질투하기 마련이다.

나보다 공부도 잘하고 외모도 잘생긴 그리고 좋은 직장을 가지고 있는 친구가 있었고 나는 그 친구에 대한 시기심이 컸다. 그런데 어느 날 그 친구가 교통사고로 병원에 입원했다는 소식을 듣고 병문안을 갔다. 그러나 다행히? 간단한 골절상만 입었다는 걸 알게 되었다. 하지만 나는 병문안을 다녀오면서 실망했다. 생각해보면 나는 그 친구에게 병문안을 가면서 은근히 그 친구가 잘못되기를 바라고 있었는지도 모른다. 이렇듯 시기심은 유치하고 비인간적인 생각을 하게 만든다. 다행히 나는 지금은 열등감을 벗고 시기심도 없이 원만한 대인관계와 건강한 삶을 살고 있다.

나는 가끔 옷을 잘 입는다는 말을 듣는다. 그래서 사람들이 명품 같다고 칭찬을 하면 "아녜요. 이거 세일할 때 아주 값싸게 산 거예요." 아니면 "10년 전에 산 건데 아직도 입네요."라고 이야기한다. 겸손처럼 비칠 수도 있지만 다른 사람의 시기심을 유발하지 않으려는 노력이기도 하다. 시기심이 얼마나 무서운 것인지를 알기 때문이다.

열등감은 완벽을 추구하고 점점 더 고립되어 간다. 그러면 사람들은 거만하게 생각하게 될 수 있다. 이렇게 거만해지는 이유는 본래 거만해서라기보다는 열등감 때문이다. 열등감이 생기면 왠지 모를 경계심과 적대감이 생긴다. 그렇게 되면 허세를 부리게 된다. 그러나 허세의 껍질 속에는 고독과 열등감이 굳게 자리 잡고 있다.

열등감을 극복하기 위해서는 첫째, 자존감이 필요하다. 나는 가치 있는 사람이며 호감을 주고 사랑받을 만한 사람이라고 느끼는 것이다. 둘째는 자신감이다. 내게 무슨 일이 맡겨져도 해낼 수 있다는 자신감을 갖고 나는 유능하다고 믿는 것으로 자신감이 있는 사람은 실패도 두려워하지 않는다. 반대로 자존감이 낮은 사람은 자신감이 없다는 무기력증에 잘 빠지고 자신은 노력해봤자 별수 없다고 믿는다.

자기 긍정이 아닌 자기 수용

우리는 자기 긍정이 아닌 자기 수용이 필요하다. 둘 사이에는 명확한 차이가 있다. 자기 긍정이란 하지도 못하면서 "나는 할 수 있다", "나는 강하다"라고 스스로 주문을 거는 것으로 이는 자신에게 거짓말을 하는 삶의 방식으로 자칫 우월 콤플렉스에 빠질 수 있다. 반면에 자기 수용이란 '하지 못하는 나'를 있는 그대로 받아들이고 할 수 있을 때까지 앞으로 나아가는 것으로 자신을 속이는 일은 없다.

예를 들어 60점짜리 자신에게 "이번에는 운이 나빴던 것뿐이야, 나는 100점짜리야"라는 말을 들려주는 것이 자기 긍정인 반면에 60점짜리 자신을 그대로 60점으로 받아들이고 "100점에 가까워지려면 어떻게 해야 좋을까" 고민하고 방법을 찾아 계획하고 실천하는 것이 자기 수용이다.

이는 바꿀 수 있는 것과 바꿀 수 없는 것을 구분할 줄 아는 지혜가 필요하다. 바꿀 수 없는 것은 불가능함을 받아들이는 것과 바꿀 수 있는 것을 바꾸는 용기가 필요하다. 자기 수용은 우리의 능력이 부족한 것이 아니라 바꾸려는 용기가 부족한 것이라는 것을 아는 것이다.

· 제14절 ·

언제까지 운에만 맡길 것인가?

'왜 프레젠테이션이 어려운가?'라는 질문에 대부분의 사람들은 실제 프레젠테이션을 할 기회가 없었다고 답변한다. 결국 해보지 않았기 때문에 어려운 것이라는 이야기다. 그렇다면 프레젠테이션 기회는 도대체 어디에 있는가? 혹시 스스로 편안함을 찾지는 않았는가? 프레젠테이션 기회는 주변에서 얼마든지 찾을 수 있다. 들어줄 사람이 있고 거기서 서서 말할 수 있는 자리만 있다면 그 자리가 바로 프레젠테이션 현장인 것이다. 그러나 우리는 스스로 많은 프레젠테이션 기회를 포기함으로써 경험 부족이라는 변명을 만들어 간다. 사회생활을 하는 우리 모두는 아무것도 하지 않을 권리도 있지만 동시에 해야 하는 책임감을 가지고 있다. 프레젠테이션 기회와 경험은 스스로 찾지 않으면 절대 오지 않는다.

지난 시간 사람들은 동일한 분량을 살아왔으나 삶의 질은 다 다를 것이다. 이 세상에서 가장 한심한 사람은 시험을 잊어버리고 놀다가 시험 날 시험지를 받고 후회하는 사람이다. 그 학생에게 그 시험지는 태만했던 지난날을 후회하게 만드는 것이다. 프레젠테이션도 마찬가지이다. 한심한 사람은 해야지 생각만 하고 아니면 어떻게 되겠지 하고 운에만 맡기다가 결국 피하거나 사람들 앞에서 발표할 때 불안해하는 자신을 보고 지난날을 후회한다. 지금 이 순간도 그냥 흘려보내고 나를 운에 맡기고 살 것인가, 아니면 도전할 것인가는 나 스스로 결정을 해야 하며 그 책임은 나 스스로 져야 한다. 당신은 어떤 선택을 할 것인가.

자신감 있게 나서라

조선시대 최고의 프레젠터 '허조'

프레젠테이션은 예를 중시한다. 예를 갖춘 프레젠터를 더욱 신뢰하게 되기 때문이다. 그런 모습을 잘 보여주는 조선시대 최고의 프레젠터가 있다. 허조許稠: 1369~1439는 잘 알려지지 않은 인물이지만 조선 초기 최고 명재상 중 한 명으로 꼽힌다. 허조의 대표적인 활동은 태종~세종 연간의 국가 의례 제정 과정에서 주도적인 역할을 수행한 것이다. 그는 예의 실천자로서 강한 사명의식을 가졌는데 특히 나서기를 두려워하지 않은 인물이었다.

그는 언제나 토론 자리마다 세종 앞에 예를 갖추어 자신감 있게 자신의 의견을 서슴지 않고 얘기했다. 그래서 그를 '직언'하는 인재라고 이야기했다. 또한 그는 자신의 의견이나 주장을 근거와 이유를 제시하며 합리적으로 이야기했다. 만약 합리적인 근거와 이유가 없다면 그저 반대를 위한 반대로 토론에서 자칫 불리할 수 있다. 근거나 이유 없는 반대 주장은 비판적으로 비칠 수 있기 때문이다. 그러나 허조는 늘 대안을 제시했으며 자신의 주장에 대한 근거와 이유를 얘기했다. 그런 그의 설득력 있는 주장을 세종이 쉽게 거부할 수 없었던 것으로 전해진다.

허조는 몸이 왜소하며 어깨와 등이 굽어있어 외모로 봤을 때는 볼품없었다. 그러한 까닭에 어려서부터 열등감이 심했다. 그러나 그는 그의 곧은 성품을 인정해 주는 세종을 만난 후 자신감을 얻어 열등감을 극복할 수 있었다. 조선의 어진 정승으로 불릴 정도로 그는 조선 초기를 대표하는 명재상이었다. 그는 임금 앞에서 직언과 나서는 것을 두려워하지 않았다. 그는 토론의 자리마다 자신의 주장을 펼쳤으며 폐단과 부작용을 주장했다.

허조의 정치 활동은 태종 후반기 예조참의로 국가 의례를 담당하면서 본격화되었는데 세종 21년 사망할 때까지 대부분 예조와 이조의 관원으로 활약하면서 후대에 명재상으로 평가받았다. 허조는 세종 시기 '백성을 위한 급진적 개혁 정책'에 반대를 주장하였으며 자신의 주장을 설득력 있게 발표하였다. 다양한 의견 중 하나를 선택해야 하는 의사 결정 과정에서 허조는 늘 자신의 생각과 주장을 자신감 있게 말하였다. 바로 이런 측면에서 허조라는 인물의 강력한 주장과 논리는 훌륭한 프레젠터의 귀감과 교훈이 된다.

조선왕조실록에서 세종이 김점이라는 대신과 함께 허조를 평하기를 허조는 천천히 논리적으로 이야기하며 반박할 땐 반박하되 얼굴빛 하나 바뀌지 않고 간결하고 단호하게 이야기했다고 전한다. 그런 허조를 임금은 예를 갖춘 인재라고 인정했으며 반대로 김점을 탐탁지 않게 여겼다고 한다. 여기서 허조가 얼굴빛 하나 바뀌지 않았다는 것은 세종 앞에서 자신 있게 나서 자신의 의견과 주장을 펼쳤다는 뜻이다. 또한 김점과 공방이 벌어졌으나 허조는 세종 앞에서 최대한 예를 갖추어 얼굴빛 하나 바뀌지 않으며 자신의 의견을 논리적으로 설득력 있게 펼치며 상대를 반박하고 임금으로부터 신의를 얻었다. 그러나 반대로 김점은 세종 앞에서 얼굴빛에 흥분과 노함을 나타냈으며 말을 반복했고 그의 말은 따분하고 지루하게 여겨졌다. 즉 설득력 없이 자신의 주장만 흥분하면서 펼친 것이다. 그리고 그가 주장하는 내용들은 어수선하고 복잡하여 잘 이해가 가지 않았다고 실록은 전하고 있다.

자신감 있게 나서라

프레젠테이션은 회사 차원에서 중요할 뿐만 아니라 개인에게도 공식적으로 자신을 홍보할 수 있는 좋은 기회가 된다. 중요한 프레젠테이션일수록 회사의 핵심 의사 결정권자를 포함한 다양한 관계인들이 참석하게 되고 준비한 대로 프레젠테이션을 잘했을 경우 참여한 임원이나 동료 직원들은 자연스럽게 그날의 프레젠테이션과 프레젠터에 대한 이야기를 할 것이다. '이번 ○○○ 프레젠테이션 정말 끝내주던데, 박 과장 정말 대단해' 등의 이야기가 자연스럽게 흘러나올 것이며 사내에 퍼질 것이다. 그러면 회사 내 자신의 능력을 보여 주는 좋은 기회가 되고 이런 것들이 쌓이게 되면 회사에서 인정받게 되며 나중에 새로운 기회를 얻게 될 것이다. 이처럼 프레젠테이션은 개인의 브랜드 가치를 공식적으로 홍보할 수 있는 최고의 기회를 제공한다. 또한 학교에서도 프레젠테이션 발표는 빠지지 않는다. 만약 프레젠테이션 발표 숙제를 잘했을 경우 교수님으로부터 좋은 평가를 받게 될 것이며 자신의 능력을 보여줄 수 있는 좋은 기회가 될 것이다.

어쩔 수 없는 상황에서 프레젠테이션을 하게 되면 자기부정의 효과가 어김없이 나타난다. 청중 앞에서 스스로가 잘할 수 없다고 믿게 되는 것이다. 약간만 노력해도 충분히 개선되고 극복할 수 있음에도 자신감을 잃게 만드는 자기부정은 그 벽을 더 높고 강하게 보이도록 만든다.

우선 프레젠테이션을 전문적이고 체계적으로 배운 적이 없고 주먹구구식으로 해왔다면 좀 더 체계적인 학습과 훈련이 필요하다. 프레젠테이션에 참석하는 청중은 프레젠터보다 더 많은 프레젠테이션을 듣거나 실제로 해본 경험이 있는 경우가 대부분이다. 청중에 의해 평가받는다는 것을 생각한다면 체계적인 학습 및 훈련이 왜 중요한지를 알 수 있다.

먼저 주변에 보면 프레젠테이션을 해보고 싶어도 기회가 없다고 불만처럼 이야기하는 사람들이 있다. 이것은 변명이라는 사실을 다시 한 번 기억하라. 프레젠테이션 기회라는 것은 무엇일까? 거창한 프레젠테이션 기회만을 생각해서는 기회가 없다고 이야기할 수 있다. 그러나 기회는 의외로 가까운 곳에 있다. 모든 회사나 조직은 매주, 매월 실적 및 계획 보고를 한다. 프레젠테이션을 할 수 있는 최소한의 기회는 이때이다. 신입사원이어서 발언의 기회조차 없는 경우라도 "회의가 끝난 후 제가 준비한 사업 계획을 10분만 이야기해도 되겠습니까?"라고 요청한다면 비난이 아니라 오히려 칭찬을 듣게 될 것이다. 또한 사내 혹은 사외에서 자신이 원하기만 하면 참가할 수 있는 프레젠테이션 기회는 얼마든지 있다. 다만 찾지 않을 뿐이다. 전신·거울 하나만 있어도 혼자서도 얼마든지 프레젠테이션을 할 수 있으며 스마트폰으로 동영상 녹화를 통해 자신을 모니터링하고 평가해볼 수 있다.

지금도 우리는 자신도 모르는 사이에 스쳐 지나가는 많은 프레젠테이션 기회를 놓치고 있으면서 어쩔 수 없이 찾아온 프레젠테이션의 실패를 반복하고 있는 것이다. 정작 중요한 프레젠테이션 기회가 왔을 때 의사 결정권자가 프레젠테이션 하는 모습을 한 번도 본 적 없는 사람에게 프레젠테이션 기회를 주는 것은 불가능에 가깝다. 작은 승리를 경험하고 입증한 사람에게만 큰 승리를 가질 자격과 기회가 주어지기 때문이다.

우선은 자신의 능력을 보여주기 위해서는 프레젠테이션 기회를 잡아야 한다. 그리고 준비해야 한다. 처음 어떻게 무엇부터 해야 할지 모를 것이다. 그리고 무엇보다 용기가 나질 않을 것이다. 대중에 대한 공포, 두려움과 긴장감만 있을 것이다. 대중에 대한 공포는 점점 자신을 위축시키고 자신감이 없도록 만든다. 자신감이 없어진 자신을 발견하면 스스로를 합리화하게 된다. '난 외모에 자신이 없어.', '난 원래 성격이 소심해.', '난 원래 목소리가 작아.', '난 원래 말을 잘 못해.', '난 남 앞에 나서는 것을 싫어해.'라는 등의 자기부정에 빠지게 된다. 자기부정에 빠지면 우선은 마음의 평온을 되찾고 자신을 격려하게 되어 순간적으로 편안함을 느끼지만 마음 한편에 왠지 모를 아쉬움과 위기감을 느끼게 된다.

프레젠테이션을 하기 전의 두려움과 긴장감이란 누구나 다 겪어봤을 것이다. 발표를 지시받은 순간부터 정신이 혼미해지기 시작한다. 어떻게 할까? 꼭 해야 하나? 피할 방법이 없을까? 등 여러 가지 생각이 든다. 그리고 '어떻게 나에게 이런 일이 일어날까.'라며 한탄할 수 있다. 무엇이 나를 이토록 힘들게 하는 것일까? 바로 두려움일 것이다. 하지만 두려움을 느끼지 않을 수는 없을 것이다. 오히려 두려움이 전달하는 강한 자극을 받아들이고 두려움을 긍정적인 에너지로 만드는 것이 중요하다. 전쟁 영화를 보면 동료 전우가 총에 맞은 것을 보고 적의 총알이 빗발침에도 불구하고 자신의 몸을 일으켜 총을 쏴대는 무모하면서도 용감한 장면을 본 적이 있을 것이다. 그는 그 순간 두려움보다는 빨리 동료를 구하고 복수해야겠다는 동기가 강한 에너지로 변했기 때문일 것이다.

우리가 살아가면서 필요한 것은 동기이다. 어떤 동기를 갖느냐에 따라 마음은 두려움으로 변할 수도 있고 또는 강한 긍정의 에너지를 갖게 될 수도 있다. 그리고 긍정적인 에너지는 긍정적인 변화를 가져온다. 그리고 그 동기는 두렵지만 반드시 해내야 하는 이유가 될 것이다. 그렇기에 프레젠테이션을 하면 할수록 발전하는 자신의 모습을 느끼며 나날이 성취감을 느끼게 될 것이다. 그리고 잘할 수 있는 자신을 믿게 될 것이다. 만약 자신을 믿지 못한다면 연습을 더 할 수도 있을 것이다. 무엇보다 처음의 두려움을 이겨 내는 동기가 필요하다. 그리고 그 동기를 통해 두려움을 이겨 낸다면 그 뒤부터는 성장만 있을 것이다.

자신감은 말과 행동에 영향을 준다

현란한 말솜씨만으로 청중을 설득하는 것은 불가능하다. 프레젠테이션에서 제대로 알고 나서는 것은 청중에 대한 기본적인 예의를 지키는 것과 같다. 기본적인 예의는 두 가지로 볼 수 있다.

첫째, 말과 행동을 의도한 대로 한다.

중국 당나라 때 관리를 등용하는 시험에서 인물 평가의 기준으로 삼았던 신언서판身言書判이라는 말이 있다. 몸 신身, 말씀 언言, 글 서書, 판단할 판判. 즉 인물을 평가하는 데 있어 몸가짐, 말씨, 필체, 판단력의 네 가지를 기준으로 삼는다는 뜻이다. 처음 만나는 사람이라도 대화를 나누다 보면 얼굴 표정과 말의 내용을 통해서 그 사람이 어떻게 살아왔고 지금 하고 있는 일이 무엇이며 무슨 생각을 하고 있는지 짐작할 수 있다. 같은 말이라도 그 말씨 속에는 그 사람이 살아온 인생의 내력이 묻어 있기 마련이다. 아무리 화려하고 우아한 옷으로 단장하더라도 험난하게 살아온 인생 역정까지 치장할 수는 없는 것이다. 그만큼 말과 행동은 중요하다고 볼 수 있다.

둘째, 정돈된 말은 신뢰감을 준다.

평소에 사람을 만나 대화할 때도 요령부득의 말보다는 요령 있는 말, 횡설수설하는 말보다는 줄기가 선 말, 산만한 말보다는 조리 있는 말, 융통성 없는 말보다는 재치 있는 말, 궁지에 몰려 흥분하기보다는 여유 있고 기지가 넘치는 말을 해야 한다. 그런데 의외로 많은 사람들이 말을 하는 데 어려움을 겪고 있다.

"저는 말을 하다 보면 저 자신도 헷갈릴 정도로 우왕좌왕해요. 좀 더 논리적으로 말할 순 없을까요? 1대1 대화는 그럭저럭 하겠는데 몇 명만 모아 놓으면 말이 제대로 안 돼요"

대부분이 이러한 고민을 가지고 있다. 그러나 이제 걱정하지 않아도 된다. 이 책이 모든 고민을 시원하게 해결해 줄 것이다. 이 세상의 모든 일은 노력 여하에 따라 결과가 달라질 수 있다. 프레젠테이션도 노력하면 얼마든지 자연스럽고 유창해질 수 있다. 연습은 천재를 만들고 훈련은 기적을 이룬다는 말처럼 프레젠테이션을 제대로 배우고 훈련해서 자신감 있게 나서길 바란다.

자신감 있는 사람처럼
생각하고 행동하라

　자신감은 내가 스스로 무엇이든지 해낼 수 있다고 믿는 것으로 '나는 주어진 일을 잘 해낼 수 있다.'고 믿는 것이다. 주변에 친구들이 많고 사랑받는 사람들을 보면 한 가지 공통점이 있다. 바로 자신의 이야기를 많이 들려주고 자신의 감정을 솔직히 표현한다는 점이다. 내가 먼저 솔직해지면 상대도 솔직한 자기 마음을 드러내는 경우를 흔히 볼 수 있다. 그만큼 솔직함이란 덕목은 사람의 마음을 움직이는 큰 힘을 가졌다. 특히 자신의 부족함이나 실수를 정직하게 인정하는 사람에게는 신뢰감까지 갖게 된다.

　우선 우리의 생활 속에서 자신감 있는 사람처럼 생각하고 행동하는 것이 중요하다. 우리의 신체는 마음과 연결되어 있다. 그리고 우리는 상대방의 표정과 자세만으로도 상대방의 마음을 알 수 있다. 즉 자신감도 알 수가 있다는 뜻이다. 하버드대학교의 에이미 커디Amy Cuddy

교수는 "우리 몸은 마음을 바꾸고 우리 마음은 행동을 바꾸며 행동은 결과를 바꾼다."고 했다. 사람이 어떤 자세를 취하는가에 따라 생리학적인 호르몬 분비를 변화시킬 수 있다. 우리는 상대방의 얼굴과 보디랭귀지를 보고 여러 가지를 대충 판단할 수 있다. 이를테면 상대방이 자신감이 있는지 없는지, 누굴 채용하거나 승진시킬지, 또는 그 사람과 만날지 아닐지도 판단할 수 있다. 즉 상대방의 표정과 비언어적인 행동에서 자신감을 느낄 수 있다는 것이다. 신체는 감정과 연결되어 있으며 생체리듬에 영향을 준다.

그런데 이 중에서 특히 중요한 건 강하고 우월해지기 위한 비언어적 행동이다. 동물의 세계에서는 자신을 크게 보이도록 몸을 길게 늘여서 보여준다. 아니 과시한다. 그리고 이것이 그들의 세력을 확장하는 데 쓰인다. 마찬가지로 인간들도 똑같은 행동을 한다. 우리는 만성적인 힘을 가졌다고 생각하면 그 순간 몸을 길게 늘이는 행동을 보인다. 특히 흥미로운 것은 힘의 과시가 일반적이며 오래된 행동이며 이를 자신감이라고도 한다는 것이다.

어떤 육체적인 한계를 넘어 경쟁에서 이겼을 때 우리는 두 손을 번쩍 들어 올리는 행동을 한다. 결승점을 통과한 순간 승리의 V자를 하며 턱을 추켜올린다. 하지만 반대로 우리가 열세라고 느끼면 몸을 움츠리거나 감싸 안는다. 자신을 닫아버리는 것이다. 자기 자신을 작게 만들고 옆 사람과 부딪히는 것을 싫어한다. 사람들도 마찬가지다. 다른 어떤 사람이 힘이 있다고 생각하면 자신은 움츠리게 된다. 강하고

▶ 승리의 사진

우월한 비언어적 행동에 위축된 것이다.

　자신감 있는 척하며 우리의 몸을 바꾸면 마음을 바꿀 수 있다. 비언어적 행동이 생각과 느낌까지 영향을 미친다는 것이다. 결국 힘 있는 사람들은 더 확신에 차 있고 더 낙관적이고 추상적으로 생각하는 능력을 가졌으며 어떠한 위험도 많이 감수한다.

　마지막으로 자신이 자신감 있는 척하며 완전히 그렇게 될 때까지 속이면 그렇게 된다. 그리고 그것이 계속될수록 자신에게 내재화되는 것이다. '내가 누군지 제대로 보여 주지 못했어.'라는 후회가 되지 않도록 자신감 있는 자세를 취하길 바란다.

자신감은 나를 아는 것이 중요하다

자신감은 자신의 의지가 가장 중요하다. 그러기 위해서는 나를 아는 것부터가 시작이다. 내가 어떤 사람인지 알기 위해 제일 중요한 것은 내가 무엇으로 인해 상처 받고 자존감이 낮아지게 됐는지를 알아야 한다. 그리고 내게 무엇이 부족한지를 알아야 하며 그것을 알아가면서 찾는 게 중요하다.

첫째, 완벽한 사람이 되려고 하지 말자.

완벽해지고자 하면 할수록 나의 단점과 부족한 점만 보인다. 한마디로 자존감이 낮아질 수밖에 없는 시스템 구조이다. 내가 아무리 노력해도 내 자존감은 반대로 낮아질 것이다. 완벽함보다는 작은 문제들을 해결하면서 작은 성취감을 느끼고 쌓아 가야 한다.

대부분의 사람들은 자신이 완벽하지 않다는 이유로 자기혐오에 빠져있다. 완벽한 사람이란 존재하지 않는다. 오히려 불완전하기 때문에 노력을 기울이는 것 아닐까? 현실을 마주하는 것은 누구에게나 아주 괴로운 일이다. 하지만 지금까지 돌아보지 않았던 자신의 문제와 정면으로 부딪친 후에는 아주 많이 성장할 기회가 기다리고 있음을 확신한다.

둘째, 자신을 과소평가해선 안 된다.

과소평가를 하면 남들과 비교했을 때 항상 부족하고 모자란 나로 인식되어 자존감이 낮아지며 주변의 비교에 의해 열등감이 생긴다. 그리고 열등감은 질투를 만든다. 질투는 자칫 시기심으로 이어질 수 있다. 시기심이란 나보다 성공이나 외모, 학력 등에 있어서 뛰어난 능력을 가진 사람을 볼 때 화가 나는 심리이다. 그런 상대 앞에서 한없이 초라해지는 자신을 보면 상대방에게 화가 난다. 그리고 상대를 파괴하고 싶어 한다. 이렇듯 시기심을 가진 사람들은 원만한 대인관계를 갖기가 힘들다. 상대방과 겉으론 친한 척해도 속으로는 시기하고 질투하기 마련이다. 내 마음이 기쁨 대신 질투로 살면 지옥이다. 그러나 반대로 내 마음을 질투 대신 기쁨으로 채우면 행복이다.

셋째, 실패를 두려워하지 말자.

누구나 다 실패는 한다. 그러나 실패 하나로 세상이 무너질 듯 좌절하는 사람들이 있다. 실패는 당연한 것이다. 세상에 성공만 있다면 얼마나 이상적이겠는가? 모든 사람들이 실패를 겪고 있다. 그리고 프레젠테이션에서도 실패는 누구나 다 겪는다. 실패를 부정적으로 받아들이기보다는 긍정적으로 받아들여 성장할 수 있는 기회로 받아들인다면 실패를 두려워하지도 원망하지도 않을 것이다. 설사 실패를 하더라도 기죽는 일 없이 다시 용기를 낼 수 있다. 먹고 자는 것을 잊을 정도로 심사숙고하더라도 그런 용기와 노력이 결코 고통으로 느껴지지 않으니 그런 상태에서 좋아하는 일에 능숙해지지 않을 리가 없다.

넷째, 자신의 정체성을 아는 게 중요하다.

내가 있어야 할 자리를 정확히 알고 있어야 한다. 만약 그걸 모르면 자신의 자리를 착각하게 되고 자신의 파멸과 주변 사람의 고통으로 남는다.

1981년 로널드 레이건Ronald Reagan은 대통령 당선 후 나토 사령관 알렉산더 헤이그Alexander Meigs Haig를 국무장관으로 임명하였다. 그러나 얼마 후 헤이그는 그를 임명한 대통령으로부터 해임당하고 불명예로 사임한다. 이유는 레이건이 취임 2개월 만에 저격을 당하였을 때 헤이그가 즉각 내·외신 기자를 불러 자신이 이제부터 미국 대통령직을 맡겠다고 했기 때문이다. 하지만 그 당시 법으로 대통령의 유고 시 부통령이 대통령직을 대무하였으며 부통령 유고 시엔 하원 의장이 대무하였으므로 국무장관과는 아무런 상관이 없었다. 헤이그의 착각이었다. 그는 레이건 대통령과 시찰 중에도 대통령보다 항상 2~3걸음 먼저 앞장서는 실수를 범하였었다. 그래서 헤이그는 해임당하고 루이 하우라는 사람이 국무장관에 임명되었다.

당시 루이 하우는 프랭클린 루즈벨트의 오른팔이었다. 프랭클린 루즈벨트는 미국의 경제공황을 뉴딜정책으로 극복하고, 제2차 세계 대전 중에는 연합국회의에서 지도적 역할을 다하여 전쟁 종결에 많은 노력을 기울였던 대통령으로 루이 하우는 그의 오른팔이자 내각의 2인자이고 젊은 시절부터 그의 정치적 동행자였다. 루즈벨트가 39세에 소아마비가 걸려 회복을 장담할 수 없었던 시간 동안 루이 하우는 루즈벨트 옆을 지켰고 루즈벨트는 끝내 회복되었다. 그 후 루즈벨트는 7년 뒤 뉴욕 주지사에 당선되었고 4년 후에는 미국의 대통령이 되었다. 이러한 결과는 루이 하우가 11년 동안 루즈벨트의 옆에 있었고 늘 자신의 자리가 어딘지 흔들리지 않았기 때문이었다. 사람은 자신이 어디에 있어야 할지 알 때에만 나쁜 아니라 다른 사람들까지도 이롭게 한다.

자존감은 자신의 정체성을 찾게 해주고 자신의 위치와 좌표를 알게 한다. 내가 있어야 할 자리를 아는 사람은 질투 대신 기쁨으로 가득 차있다. 그러나 내가 있어야 할 자리를 모르는 사람은 늘 기쁨 대신 질투로 가득 차있다. 이러한 사람들은 남들과 비교하며 자신의 자리를 작게만 생각한다. 그렇기 때문에 열등감만 가득해져 자기 자리의 소중함을 모르고 결국 인생에서 되돌릴 수 없는 실수를 저지르게 되는 것이다.

내가 나를 보다

긴장감을 100% 줄이는 방법은 없다. 그렇다고 긴장감이 0%가 되는 것은 바람직하지도 않다. 그러나 지나친 긴장감은 발표 자체를 망칠 수 있으므로 이를 극복하는 것은 항상 중요한 과제이다. 긴장감을 줄이는 다양한 방법이 있지만 가장 효과적인 방법은 적절한 준비와 리허설이다. 발표에서 리허설은 중요하다. 긴장감을 조절하는 가장 효과적인 방법이 리허설의 반복이기 때문이다. 먼저 객관화된 내 모습을 알아야 발전할 수 있다. 내 모습을 객관화하지 않으면 나를 개선할 수 없다. 내 모습을 객관화하는 가장 효과적인 방법은 '녹화'이다.

나는 아직도 처음 녹화 당했던? 프레젠테이션을 잊지 못한다. 녹화된 영상 파일을 집에 가지고 갔는데 가족들이 볼까 봐 망설였다. 마침내 가족들이 잠들고 나서야 조용히 노트북을 켜고 봤는데 사실 꽤 충격적이었다. 우선 내 기대와는 많이 다른 외모는 그렇다 치더라도 어쩌면 그렇게 혀는 짧고, 발음은 부정확하고, 목소리는 어리숙하던지……. 1분을 채 보지 못하고 꺼버렸던 기억이 난다. 용기를 내어 녹화 동영상을 보고 나니 머리를 한 대 맞은 것처럼 몽롱함과 복잡함을 느꼈다. 내가 지금까지 알고 있었던 나와 실제 내 눈앞에 보이는 내가 확연히 다르다는 것을 알게 되었기 때문이다. 아마도 그 녹화 영상이 없었다면 난 평생 실제 내 모습과 내가 아는 내 모습의 큰 괴리 속에서 오늘도 대중 앞에 불안에 떨며 서 있었을 것이다.

반복되는 준비와 리허설을 통하여 점점 자신감이 커져 가고 발표 시간이 가까워짐에 따라서 커져 가는 긴장감과 상쇄되면 적절한 긴장감을 유지하게 된다. 잘 준비된 프레젠테이션과 적절한 긴장감, 이 두 가지는 프레젠테이션이 성공하기 위한 필수적인 조건이다.

· 제07절 ·

맨얼굴을 드러내라

우리가 프레젠테이션을 할 때 "이런 사람일 거야."라고 생각했던 나와 실제 나 사이의 간극을 확인하면 당황하게 된다. 어쩌면 당황의 감정에 빠진 사람은 행운아라고 할 수 있다. 그렇게 당황의 감정을 통해 우리는 진정한 자신, 혹은 자기의 맨얼굴을 찾을 수 있을 테니 말이다. 가면의 욕망과 맨얼굴의 욕망이 우리 내면에서 격렬하게 충돌한다면 당황의 감정에 사로잡힐 것이다. 그러나 당황에 빠질 때 걱정할 건 없다. 무조건 맨얼굴의 욕망 즉 '내가 이런 사람이었나.' 하고 경이롭게 생각하는 욕망이 이길 수밖에 없기 때문이다. 맨얼굴의 욕망을 부정하고 가면의 욕망을 추구하면 할수록 자신감은 줄어들고 삶은 무기력해질 것이다.

자신의 맨얼굴을 처음 봤을 때의 감정은 맨날 화장한 얼굴만 보다가 어느 날 아침에 여자 친구의 맨얼굴을 처음 봤을 때처럼 충격적이다. 그런데 되돌릴 수 있을까? 헤어져야 하나? 여자 친구는 가능하지만 본인은 본인하고 헤어질 수 없다. 본인하고 헤어진다는 것은 세상과 고립되는 것이다. 즉 단절이다. 그럼 어떻게 해야 할까? 받아들여야 한다. 여자 친구는 받아들이든지 아니면 바꾸면 되지만 본인은 그렇게 못한다. 다시 태어나지 않고선 본인과 헤어질 수가 없다. 그러면 받아들여야만 한다. 본인을 받아들이지 못하면 평생 본인을 남으로 생각하고 살아가야 한다. 그러면 진짜 자아가 없다. 본인을 싫어하게 되고 인정하고 싶지 않게 된다. 그리고 본인과 점점 더 멀어진다. 그리고 고립된다. 왜냐면 주변 사람들은 본인을 보고 평가하고 대응하지만 자꾸 본인이 아닌 다른 사람으로 대접받고 평가받고 싶으니 그럴 때마다 싫고 또 상대방도 싫어지는 것이다. 그렇게 되면 본인뿐만 아니라 상대방도 보기 싫어진다. 그러면 인간관계도 힘들어진다. 본인은 다른 본인으로 인정받으며 살고 싶지만 그렇게 안 된다. 그때마다 좌절하고 그러면 자존감도 낮아진다. 이 세상에서 나에게 주어진 것에 순종하면서 살 것인가? 아니면 내 안의 또 다른 날 위해 살 것인가?

아내와 나는 가끔 의견이 일치가 안 된다. 그럴 수밖에 없는 것이 내가 생각하는 '나'와 아내가 생각하는 '나'는 다르다. 나는 나보다 한 단계 더 높은 좋은 사람으로 스스로를 알고 있지만 아내는 내가 어디에 있는지 정확히 알고 있다. 착각을 벗은 나의 맨얼굴을 알고 있다.

'나 자신도 모르는 게 나다' 내가 누구인지 바로 알아야 한다. 나 말고는 나에 대해서 관심이 없다. 그런데도 다른 사람들이 나에 대해서 관심이 많다고 생각한다. 그래서 한마디 말에 상처를 받는다. 남 앞에 서는 것을 잘하는 사람도 있고 못하는 사람도 있다. 한 번도 해보지 못한 사람도 있다. 그들은 자신의 맨얼굴이 드러날까 봐 두려워하는 사람들이다. 사람들은 가면의 얼굴만을 볼 거라고 생각하지만 그렇지 않다. 가면의 얼굴을 추구하기보다 내면의 맨얼굴을 드러내는 그 용기와 솔직함을 더 칭송한다.

인생은 하나의 거대한 유혹이다. 모든 욕망과 기대 그리고 이상은 인생의 긴 여정에서 반드시 거쳐야 하는 큰 문과 같다. 어떤 사람은 그 문을 열고 들어가 당당히 유혹에 맞서고 어떤 사람은 지레 겁먹고 문을 열 생각조차 하지 않는다. 과연 어떤 사람이 더 보람되고 행복한 삶을 살 수 있을까? 누구든지 간절히 원하면 다른 사람의 도움 없이도 스스로 아름답고 행복한 인생을 창조해 낼 수 있다. 자신을 진정한 삶으로 인도하는 것은 오직 자기 자신뿐이기 때문이다.

존재는 자신이 살아온 삶 속에 있다. 생각하고 행동으로 실천하며 살아온 자신의 삶이 없다면 존재의 의미는 생명력이 없다. 자기 자신이 '무엇을 해야 하는지' 그리고 무엇을 하고자 하는지 생각만 할 것이 아니라 하나씩 행동으로 펼쳐 나가야 진정한 존재를 만날 수 있다. 자신의 존재를 깊이 깨닫지 못한다면 자신이 살아온 진정한 삶의 의미를 깨닫지 못한다. 이러한 사람은 상대에게 의존하게 되고 상대를 소유하려고 한다. 소유에 대한 집착은 자신의 존재적 가치가 삶 속에 없을 때 더욱 강하다. 자기 존재의 상실감으로 인한 이러한 집착은 결국 불안을 증폭시키게 마련인 것이다.

▶ 마그리트/The false mirror(거짓 거울)/1928

안의 것이 밖의 것을
보이지 않게 지배한다

　안의 것이 밖의 것을 보이지 않게 지배한다. 그리고 최종적 성공은 밖이 아닌 안에서 이루어진다. 즉 보이는 영역이 아닌 보이지 않는 영역에서 이루어지며 지혜로운 사람은 겉이 아닌 속을 가꾸는 사람이다. 자신의 내면을 가꾼 사람은 다른 사람들 앞에서 가면의 얼굴이 아닌 내면의 맨얼굴을 드러내며 솔직함과 자신감을 발휘한다. 그러나 그렇지 않은 사람은 맨얼굴을 감추며 나도 아프고 타인도 아프게 하는 가시가 될 수 있다. 많은 사람들은 맨얼굴을 외면하거나 무시해도 된다고 생각한다. 그리고 가면의 얼굴만을 추구한다. 그렇게 우리는 가면의 얼굴만을 보려고 하지만 무엇보다 내면의 맨얼굴이 중요하다. 내면의 얼굴이 밖의 외모를 지배한다. 내면의 자신감은 외면의 말과 행동에도 영향을 준다. '나는 할 수 있다.'는 내면의 자신감이 말과 행동에 영향을 주기 때문이다. 반대로 '나는 할 수 없다.'는 자기부정과 회피는 말과 행동에도 영향을 주고 이는 결과적으로 밖으로 표출되는 것이다.

아프지 않고는 친밀해질 수 없다

당신은 사랑받고 행복해지고 싶은가? 그럼 과연 나는 얼마나 사랑받을 수 있는 사람일까? 사랑도 하기 전, 상처받을까 봐 두려워하고 있지 않은가? 상처도 사랑이고 성숙이다. 상처를 두려워하지 말아야 한다. 그로 인해 얻어질 사랑을 기대하라. 그러면 아픔과 상처도 두렵지 않다. 마음만으로는 부족하다. 항상 마음과 행동이 함께 이루어져야 한다.

사람들은 가장 친밀한 관계이다. 사랑 때문에 아프지만 그렇다고 사람들은 사랑을 포기하지는 않는다. 사랑의 아픔을 견디는 사람만이 사랑할 수 있다. 아프지 않고는 친밀한 관계를 유지할 수 없는 것이 인간관계이기 때문이다. 사람을 만날 때는 조금 아플 각오를 하자. 무균실처럼 너무 안전한 대인관계만 찾다 보면 고립되고 만다. 인간은 부족한 존재이므로 서로에게 상처를 주고 상처를 받는다. 이것을 받아들일 수 있는 사람만이 성숙한 사람이 된다. 나도 너도 서로 부족

하지만 그 자체로 사랑받을 만한 존재들이다. 친밀감을 느낄 수 있는
존재들이다.

・ 제10절 ・

솔직함은 친숙함을 가져온다

나는 싫어하는 사람 앞에서 싫어하는 마음을, 좋아하는 사람 앞에서 좋아하는 마음을 숨기지 못한다. 후자는 상대방도 좋고 나도 좋지만 전자는 둘 다 피곤하다. 그래서 최대한 말을 짧게 하는 것으로 그 순간을 모면하려고 한다.

하지만 누군가를 싫어하는 마음이 애초에 생기지 않게 하는 것이 좋다. 그러기 위해서는 긍정적인 생각이 자동화되어야 한다. 만나자마자 자신의 불행을 이야기하는 사람들이 있다. 물론 얼굴에 웃음기도 찾아보기 힘들다. 불행이 얼마나 희극에 가까운 것인지 어렴풋이 느끼기에 내가 좋아하는 사람들은 어떤 감정의 이야기를 하든지 웃음을 잘 버무린다. 잘 알지도 못하면서 비판하기를 즐기는 사람들이 있다. 모든 것을 비판한 뒤 자신의 가치가 높아진 듯 으스댄다. 그러나 그것은 자신을 감추기 위한 가면일 뿐이다.

나는 수줍음이 없는 사람들이 부담스럽다. 프레젠테이션도 마찬가지다. 너무 긴장 없는 프레젠터는 호감이 안 간다. 약간은 긴장하면서도 본연의 최선을 다하는 모습이 더 아름답다. 약간의 머뭇거림, 정적, 응시 이런 것들이 더 신뢰가 간다. 자기가 좋아하는 것을 열정적으로 이야기하는 사람들이 더 좋다. 그리고 이내 풀이 죽는 모습도 사랑스럽다. 이런 본연의 감정에 충실한 모습이 진짜 '나'다운 것이기 때문이다. '나'다운 것이 무엇인지 찾아야 한다. 무엇이 아름다운지, 무엇이 잘못되었는지, 내가 하고 싶은 말은 무엇인지, 누군가를 만나면 상대방의 매력이 무엇인지를 알아야 한다.

그 사람을 안다는 것은 상대방의 마음을 알아 가는 것이고 상대방의 마음을 알기 위해서는 나를 보여 주고 솔직한 마음도 보여 줘야 한다. 상대방은 마음으로 들어와 주길 원하는데 나는 겉으로만 알려고 한다. 그 상대방의 마음속으로 들어가야만 진정으로 그가 누군지를 알 수 있다. 무엇이 두려운 것인가? 우리는 두려워하는 것이 아니다. 단지 친해지지 않았을 뿐이다. 친해지면 두렵지 않다. 그렇기 때문에 우리가 상대방을 알기 위해서는 우선 솔직한 마음으로 상대방에게 다가간 후 상대방의 마음속으로 들어가야 한다. 그렇게 해서 친해진다면 상대방은 더 이상 나에게 두려운 존재가 아닌 친숙한 존재로 변모되어 있을 것이다.

두려움을 버리면
진정한 대화가 가능하다

대학생 김 모 양은 원래 내성적인 성격에다 사람들 앞에 나서는 것을 두려워했다. 그리고 사람을 만나는 데 심한 스트레스를 받고 있었다. 그녀에게 취업을 앞두고 내성적인 성격부터 고치고자 간접적인 사회생활을 경험해 보는 것도 나쁘지 않다고 제안했다. 그래서 편의점 아르바이트를 시작했고 찾아오는 손님들과 한두 마디씩 나누다 보니 어느새 사람과 얘기하는 데 자신감을 갖게 되었다. '아! 나도 되는구나.' 하며 계속 자신감을 얻어 사람들 앞에 나서는 것도 가능해졌다. 이렇듯 프레젠테이션은 정해진 장소와 시간에 배우기보다는 자신의 생활 속에서 먼저 그 해결책을 찾을 수가 있다.

대화는 인간 삶의 언어이다. 사람이 서로 만나서 헤어지면 그 사람의 외모를 기억하는 게 아니라 얼굴 표정이나 말투, 목소리를 기억한다고 한다. 처음에는 호감이 없었는데 얼굴 표정이나 행동, 이런 것이 마음에 들면 관계가 지속될 수 있다고 한다. 그리고 감수성이 뛰어난 사람들은 이게 뛰어나다. 웃기는 사람보다 웃어주는 사람을 더 좋아한다. 사람들은 힘들어서 포기하는 게 아니라 위로를 받지 못해서 포기한다. 힘든 일을 겪고 나서 위로를 받으면 용기가 생긴다. 여자들이 남자보다 더 오래 사는 이유는 '대화'가 있기 때문이다. 대화가 무슨 내용인지 자세히 살펴보면 중요한 것은 아무것도 없다. "야! 나 살쪘지? 아니 좋은데?" 이런 이야기를 세 시간 이상이나 한다. 그리곤 대화가 끝나고 식당을 나가면서 "전화해, 중요한 얘기 못 했어. 자세한 내용은 전화로 하자."라고 한다.

우리의 인간관계에서 가장 흔히 나타나는 두려움은 관심과 신임을 잃을까 두려워하는 마음이다. 우리는 누구에게 상처를 줄 마음도 없고 정면으로 부딪칠 생각도 없다. 무엇보다도 누가 나에 대해 나쁘게 말하는 상황을 좋아할 사람은 아무도 없다. 직장에서도 마찬가지다. 직장 생활에서 느끼는 두려움은 무엇보다도 말 한번 잘못함으로써 받게 될 불이익에 대한 두려움이다. 거절당할까 봐, 거래가 성사되지 않을까 봐, 상사나 동료의 신임을 잃을까 봐, 우리는 늘 두려워한다. 그러나 뭐니 뭐니 해도 가장 어려운 일은 모르는 사람에게 말을 거는 일이다. 우리는 기본적으로 아무에게나 함부로 말을 걸어선 안 된다고 생각하므로 모르는 사람과 접촉하는 일을 꺼리고 그 결과 좋은 친구를 얻을 수 있는 기회마저 놓치는 일이 비일비재하다. 이러한 행동의 배경에는 거절당할까 봐 두려워하는 마음이 깔려 있다.

아마 누구나 거절당하거나 무시당할까 봐 두려워서 누군가에게 말조차 걸어 보지 못한 경험을 한 번쯤 갖고 있을 것이다. 어쩌면 우리는 두려움 때문에 멋진 대화와 소통의 기회를 스스로 날려 버리곤 하는지도 모른다. 두려움 때문에 더 이상 우리에게 주어질 수 있는 멋진 소통의 기회를 날려 버려서는 안 될 것이다. 조금의 용기만 있으면 된다. 그 용기로 두려움을 버리면 우리가 다른 사람과 진심으로 소통할 수 있는 기회가 더 많아질 것이라는 사실을 기억하자.

내 마음속 깊은 곳의 용기

우리는 얼마든지 변할 수 있는 존재이며 그러기 위해서는 지금의 나를 그대로 받아들이고 인생에 놓인 문제를 직시할 '용기'가 필요하다. 성공도 실패도 모두 '용기'의 문제이지 환경이나 능력의 문제는 아니다. 그리고 프레젠테이션도 마찬가지로 환경과 능력의 문제가 아니다. 바로 '용기'의 문제이다. 성공하려면 환경과 능력 탓으로 돌리지 말고 반대로 실패할 용기도 있어야 한다. 그런 용기가 생겼을 때 우리에게 자신감도 생기고 프레젠테이션은 훨씬 더 성장할 수 있다.

프레젠테이션을 위해 넘어야 할 첫 번째 벽은 프레젠테이션 기회가 주어진다면 주저함 없이 용기를 내는 것이다. 만약 용기를 내지 않는다면 무의미하다. 우리는 자신도 모르는 사이에 스쳐 지나가는 많은 프레젠테이션 기회를 놓치고 있으면서 어쩔 수 없이 찾아온 프레젠테이션의 실패를 반복하고 있는 것이다. 정작 중요한 프레젠테이션 기회가 왔을 때 의사 결정권자가 프레젠테이션 하는 모습을 한 번도 본 적 없는 사람에게 프레젠테이션 기회를 주는 것은 불가능에 가깝다. 작은 승리를 경험하고 입증한 사람에게만 큰 승리를 가질 자격과 기회가 주어지기 때문이다. 그러기 위해서는 작은 기회에도 용기를 가질 필요가 있다. 그 용기가 없다면 우리에게 프레젠테이션 기회는 오지 않을 테니 말이다.

· 제13절 ·

프레젠테이션은
청중에 대한 배려가 먼저다

그렇다면 어렵게 용기를 내어 선택하게 된 프레젠테이션을 어떻게 하면 잘할 수 있을까? 그 답은 단순하다. 바로 청중이다. 청중과 프레젠터가 하나가 되어 공감하는 순간이 지속되고 청중의 결정과 설득을 얻어내면 성공한 프레젠테이션이 된다. 청중은 한 명이 아니다. 이 상황에선 이 사람에게, 저 상황에선 그 사람에게 그렇게 청중의 수준에 맞게 대응해야 한다. 프레젠터가 중심이 아닌 청중이 중심이 되어야 하고 그러기 위해서는 먼저 배려가 필요하다. 그리고 상대방에 대한 배려는 프레젠테이션뿐만 아니라 일상생활에서도 볼 수 있다.

운전을 할 때 가장 배려해야 할 대상은 바로 보행자이다. 당연히 보행자의 안전을 가장 먼저 중시해야 한다. 보행자의 안전이 곧 운전자의 안전이기 때문이다. 그리고 운전자들 중에서 가장 배려해야 할 사람은 바로 초보 운전자이다. 초보 운전은 양해를 부탁하며 차 뒤에 '초보 운전'이라는 스티커를 붙인다. 그런데 예전에 비해 붙이는 사람을 보기 힘들다. 초보 운전자가 없어서일까? 초보 운전 스티커를 붙이면 사람들이 나를 무시하기 때문일 것이다. 그래도 배려하는 사람들은 붙인다. '답답하시죠? 나도 환장하겠다.' 등의 문구를 말이다. '미안하다.', '앞차를 잘못 만난 뒤차에게', '겁주면 후진한다.' 등 비장한 문구도 볼 수 있다. '틀렸다. 네가 먼저 가라.' 이건 배려에 대한 부탁이다. '지금 나를 배려해 주면 나중에 상대방을 배려할 것이다.'라는 의미를 품고 있는 것이다.

프레젠테이션도 마찬가지다. 청중에 대한 배려가 필요하다. 청중이 이해하기 쉬운 문구로 청중의 입장에서 생각하고 프레젠테이션의 능력을 과시하기보다는 청중의 어려움과 문제를 속이 시원하게 해결해줄 수 있어야 한다.

상대방의 입장에서
생각하는 배려심

모든 문제는 해결이 가능하며 그 문제의 해결 방법은 사람이다. 그리고 사람과 문제 해결을 위해서는 사람과 배려 그리고 소통이 필요하다. 즉 좋은 관계를 유지하는 것이다. 상대방과 생각의 차이 또는 오해는 일어날 수 있다. 상대방은 전혀 그 뜻이 아니었는데 나 혼자 씩씩거리고 화냈던 적이 있었다. 그러나 나중에 애기해 보면 상대방은 정말 아니라고 미안해하는데 나는 혼자 화내며 감정적으로 손해 본 것 같은 느낌을 가졌다. 그 이후로 약간 생각의 차이나 오해가 생기려고 하면 다시 나에게 반문을 해본다. '내가 잘못 알고 있을 수도 있구나.', '내가 틀릴 수도 있구나.'라고. 그리고 상대방에게 확인 질문을 한다. 그러면 의외로 다른 의도로 말할 때가 많았다. 오해는 발생하기도 하고 생각이 다를 수도 있다. 그러나 모든 문제는 상대방과 대화를 통해 문제 해결이 가능하다.

이를 위해서는 상대방의 입장에서 생각하는 배려 그리고 소통이 가장 중요하다. 그렇게 사람과 사람 사이의 문제를 해결할 수 있는 능력이 소통이다. 사람과 사람 사이의 문제 해결 능력은 곧 모든 문제를 해결할 수 있는 중요한 가치이다. 많은 경험을 통해 생각하고 고민해야 한다. 그러기 위해서는 바로 나에 대한 믿음과 신뢰가 중요하다.

나는 내가 생각하는 것보다
훨씬 더 크고 위대하다

나는 학교를 다니던 시절 거절감, 두려움, 열등감을 많이 겪어 왔다. 그리고 내 능력과 장점을 인정하지 않았다. 그렇게 부정적인 생각 속에만 매몰되어 있어 상대방의 이야기에 귀 기울이지 않고 분명 속엔 다른 판단과 생각이 있을 것이라는 의심을 하게 되었다. 그러다 보니 상대방이 나보다 훨씬 크다고 생각하게 되었고 스스로를 과소평가하게 되었다. 그리고 상대방은 내 출신과 배경, 능력, 재산만 바라볼 것이라고 판단하여 가장 중요한 것을 놓치며 살았다. 바로 나에 대한 믿음과 신뢰였다.

하지만 지금은 '나는 내가 생각하는 것보다 훨씬 크고 더 위대하다.' 그리고 '보이지 않는 내 능력과 장점을 인정하고 있다.' 그렇게 나의 긍정적인 생각으로 자존감을 극복하고 상대방에게 긍정적인 영향을 미치며 친밀감을 쌓고 있다. 상대방에게 먼저 다가가고 친밀감을 쌓을 수 있는 능력은 곧 나에 대한 믿음과 신뢰, 나아가 상대방에 대한 믿음과 신뢰이다. 상대방을 바로 보는 믿음과 신뢰, 그 능력으로 소통과 협업을 통해 서로 간에 벽을 허물고 창조적인 의사소통을 이어나갈 때 우리는 진정한 의사소통이 가능해진다.

위대한 사람은 작은 일을 잘해내는 사람이며 평범함 속에서 특별함을 발견하는 사람이다. 일을 사랑하고 성취해 가며 사는 사람은 행복하다. 작고 단순한 일이라도 관계없다. 그는 가치를 창조하는 사람이다.

'난 할 수 있다'의 기적

훈련이란 본능을 극복하는 행위이다. 편하게, 쉽게 살려는 저 밑바닥의 본능을 누르고 자신을 통제하고 훈련하는 사람만이 인생의 행복과 성공을 거머쥘 수 있다. 이 세상에 공짜는 없다. 철학자 니체의 말처럼 '자신에게 명령하지 못하는 사람은 남의 명령을 들을 수밖에 없다.'

가장 힘든 일은 지금 당장 결과가 보이지 않고 희미하지만 그럼에도 불구하고 게으름을 피우지 않고 끈기 있게 노력하는 것이다. 가득 채우는 건 중요하지 않다. 무엇을 채우는가가 중요하다. 그 안에 사랑을 채운다면 좀 더 행복할 것이다. 당신도 사랑받고 행복해지고 싶지 않은가? 그럼 과연 나는 얼마나 친밀하고 사랑받을 수 있는 사람일까? 사랑도 하기 전부터 상처 때문에 두려워하지 않나? 상처도 사랑이고 성숙이다. 상처를 두려워하지 마라. 그로 인해 얻어질 사랑을 기대해라. 그러면 아픔과 상처도 두렵지 않다. 마음만으로는 부족하다. 항상 마음과 행동이 함께 이루어져야 한다. 사람들은 가장 친밀한 관계이다. 사랑 때문에 아프지만 그렇다고 사람들이 사랑을 포기하지는 않는다. 사랑의 아픔을 견디는 사람만이 사랑할 수 있다. 아프지 않고는 친밀한 관계를 유지할 수 없는 것이 인간관계이기 때문이다. 사람을 만날 때는 좀 아플 각오를 하자. 무균실처럼 너무 안전한 대인관계만 찾다 보면 고립되고 만다. 인간은 부족한 존재이므로 서로에게 상처를 주고 상처를 받는다. 이것을 받아들일 수 있는 사람이 성숙한 사람이다. 너도 나도 서로 부족하지만 그 자체로 사랑받을 만하고 친밀감을 느낄 수 있는 존재들이다.

누군가를 미워한다는 것은 그에게 기대감을 갖고 있다는 뜻이다. 내가 기대하는 대로 행동하지 않기 때문에 그가 미워지는 것이다. 그렇다면 이렇게 생각해 보는 건 어떨까? '나는 그를 미워하는 것이 아니라, 그의 행동에 실망을 느꼈을 뿐이다.'라고 말이다. 미움은 실망의 다른 모습일 뿐이며 실망은 그의 책임이 아니라 전적으로 나의 책임일 뿐이라고 말이다.

시간의 순서가 일 잘하는 비결: '해야 할 일'과 '하고 싶은 일'

'해야 할 일'도 많고 '하고 싶은 일'도 많다. 그러나 하고 싶은 일보다 해야 할 일을 먼저 해야 한다. 하고 싶은 것만 해선 성장할 수 없다. 해야 할 일을 하지 않고 내버려두면 마음이 조바심과 초조함으로 얼룩지게 된다. 이를 해결하기 위해서는 해야 할 일을 해치우는 것 외에는 방법이 없다. 해야 할 일을 미루지 않고 해야 하는 것으로 여기고 실행에 옮길 때에야 비로소 나는 내 스스로 생각하고 행동하는 주체성 있는 사람으로 성장할 수 있다. 이를 위해 감정의 주인이 되어야한다. 설명만 하려 하지 말고 행동을 해야 한다. 설명만 하고 행동을 지체하면 핑계나 변명이 되고 만다.

진리는 진리로 받아들이고 진리를 논리로 설명할 필요가 없다. 수많은 사람들이 논리로 진리를 파악하고 설명하려는 노력을 보여 주었다. 진리를 논리로 설명하려는 노력은 어리석다. 그러나 그 어리석음은 매우 중요하다. 왜냐하면 그들의 설명하려는 의도가 아니라 설명에 대한 진지한 자세, 성실성 그리고 열정이 더 아름답고 멋지기 때문이다.

그렇다면 내가 해야 할 일은 무엇일까? 해야 할 일들은 아직 실천을 미루고 있는 내 일들이다. 그 해야 할 일들이 하고 싶은 일일까? 해야 할 일은 당신의 선택이고 그 결과는 당신이 스스로 책임져야 한다. 계속 하고 싶은 일을 하며 살 것인가? 아니면 해야 할 일로 의무감을 가지고 하며 살 것이냐는 당신의 선택에 달렸다. 하고 싶은 것보다는 먼저 해야 할 일들을 하는 자가 진정한 프로이다.

하고 싶은 일은 아직 시작도 하지 않은 일, 해야 할 일은 시작은 했으나 아직 마무리되지 않은 일이다. 시작도 하지 않고 하고 싶은 일이 아닌 시작해야 할 일로 의무감을 갖는다면 더 성숙해질 것이다. 말하자면 프레젠테이션을 남들이 잘하니깐 나도 잘하고 싶다는 막연한 생각보다는 '지금 내가 하고 있는 일, 준비하고 있는 일에 프레젠테이션이 필요하고 목표를 세워서 하면 더 잘할 수 있어.', '나도 회사에서 인정받고 싶어.'라고 이렇게 해야 할 일로 생각한다면 이미 당신은 프레젠테이션의 프로가 되기 위한 첫발을 내딛게 되는 것이다.

우리가 부족하다고 해서, 경험이 없다고 해서 못 할 일은 없다. 다만 새로운 시작이 두려운 것일 뿐이다. 그 일은 해낼 수 있다. 모르는 것은 괜찮다. 그러나 이제 알게 되었으니 하고 싶은 일이 아닌 해야 할 일을 먼저 하길 바란다.

무엇이든 되기 전까지
다 불가능해 보인다

하기 싫은 일 '미켈란젤로'

사람들은 하고 싶은 일보단 하기 싫은 일, 잘하는 일보다는 잘할 수 없는 일을 할 때가 많다. 그러나 많은 사람들은 내가 하고 싶은 일만 하면 행복할 거라고 생각한다. 대부분 하기 싫은 일, 때로는 능력도 안 되는 일에 힘을 다하지 않는다. 내가 잘하는 일만 하면 뭐든 할 수 있을 것만 같아 보이지만 그렇지 않다.

르네상스 시대 거장 미켈란젤로는 세계적인 거장답게 화려한 삶을 살았을 것이라 상상하지만 실제 그의 삶은 고난의 연속이었다. 미켈란젤로 시대에 화가들은 귀족들의 후원을 받아야 했다. 눈썰미 있는 귀족은 전도유망한 화가들의 그림을 싼값에 사두었다가 나중에 비싼값에 팔았다. 그때 미켈란젤로는 부호 가문인 메디치 가문의 후원을 받았다. 사실 미켈란젤로가 하고 싶은 것은 그림이 아닌 조각이었다. 그는 조각을 더 좋아했다. 그래서 평생 조각만 하고 싶어 했다. 그러나 메디치 가문 밑에서는 본인이 그리고 싶은 그림과 조각을 하는 게 아니라 그들이 원하고 주문하는 것을 그려야 했다.

그러다 미켈란젤로가 유명해지게 된 후였다. 교황 율리우스 2세가 미켈란젤로를 교황청으로 불러 임무를 주었다. 새로이 완공된 바티칸 시스티나 성당 천장에 그림을 그려 달라는 것이었다. 그곳은 교황 선출이 이루어지는 아주 신성하고 중요한 곳이었다. 그러나 그는 벽도 아닌 천장, 높이 20m에 길이 약 40m가 되는 아파트 14층 정도의 공간에 그림을 그려 넣어야 했다.

▶ 시스티나 성당 벽화(사진) 이탈리아 바티칸 시스티나 성당
1508~1512년 미켈란젤로가 성당 천장에 그린 프레스코화

어떻게 누워서 그림을 그릴 수 있을까? 그는 정중히 사양했다. 그러나 당시 교황은 절대 권력의 자리에 있어서 교황의 요청에 거절을 하려면 그에 합당한 이유가 있어야 했다. 미켈란젤로는 견습생 이후로는 그림을 그려본 적도 없었고 조각만 했으며 게다가 누워서, 그것

도 면적이 엄청 넓은 곳에서 그림을 그려본 적도 없어 불가능할 것 같다는 이유를 댔다. 그러나 교황은 그에게 그림을 그릴 것을 요청했다. 그리고 미켈란젤로는 20시간 이상을 누워서 그림을 그렸으며 그림을 그릴 때 물감이 눈에 떨어져 실명의 위기까지 갔었다. 지금으로 말하면 목 디스크도 생겼다.

사람들은 꼭 내가 하기 싫은 일, 내가 못하는 일에 불평한다. 중요한 건 그 일에 최선을 다하는 것이다. 미켈란젤로의 천장화를 누가 시켰는지는 사람들이 모르지만 누가 그렸는지는 다 안다. 내가 잘하는 일, 하고 싶은 일만 하는 것이 중요한 게 아니라 하기 싫은 일, 이해가 불가한 일을 해야 할 때도 있다. 무슨 기회가 오던지 오히려 노력하는 사람들은 기꺼이 받아들인다. 만일 미켈란젤로가 교황과 싸우고 결사 항전했다면 오래 남았겠는가? 결과적으로 남는 건 그가 남긴 작품이다.

지금 당장 우리에게 프레젠테이션은 하기 싫은 일일 것이다. 그리고 도전이 불가한 일이라고 생각할 것이다. 그래서 그 기회를 잡기 위해 노력하지 않으려고 하거나 기회가 왔을 때 피하려고 할 것이다. 하지만 그것을 용기 내어 기회로 활용했을 때 프레젠테이션은 하기 싫은 일이 아닌, 하고 싶은 일이 될 것이다.

프레젠테이션은 배우는 것이 아닌 삶 그 자체여야 한다

프레젠테이션은 시간을 정해 놓고 배워선 나아질 수 없다. 삶 자체에 프레젠테이션이 깊숙이 배어 있어야 한다. 이성을 만날 때도, 친구를 만날 때도, 자녀와 이야기할 때도, 상사와 이야기할 때도 그리고 여러 사람 앞에서 말할 때도, 모두 프레젠테이션과 연관 짓고, 생각하고, 행동한다면 삶 자체에 자연스럽게 프레젠테이션이 배일 수밖에 없고 삶과 함께한 프레젠테이션은 더욱 능숙해질 수밖에 없다. 프레젠테이션은 특정 대상에 대해 자기 과시나 행사성으로 하는 게 아니다. 어디에서든지 프레젠테이션을 삶에 적용해야 하며 그 삶은 지속적으로 이뤄져야 한다. 우리가 삶에 적용해야 할 프레젠테이션은 늘 우리 곁에 있다.

프레젠테이션에서 우리가 긴장하는 것은 상대의 눈에 비쳐지는 나를 의식하기 때문이다. 그것은 늘 나에게 불편함을 준다. 우리가 진심으로 메시지에 집중하고 이를 잘 전달하는 것에만 에너지를 모은다면 남의 눈을 의식하며 가지게 되었던 과다한 긴장감은 자연스럽게 사라질 것이다.

프레젠테이션을 하면서 혼자 끙끙대면서 뭔가 확실한 대답을 찾으려 했던 것 자체가 욕심이었을지 모른다. 고민하고 끊임없이 그 고민의 답을 찾아나가는 과정 자체가 프레젠테이션의 원동력이라는 생각이 든다. 그리고 이 모든 것이 삶에 깊숙이 배어있어야 하며 계속 반복되어야 우리는 성장할 수 있다.

프레젠테이션은 배운 대로 사는
사람이 되어야 한다

주변에서 내게 프레젠테이션을 잘하려면 얼마나 해야 하냐고 묻는다. 그러면 나는 이렇게 대답한다. 사람들 앞에 서게 되는 일이 설렐 때까지 해야 한다고. 발표할 파워포인트 원고를 만들어 이걸 빨리 사람들 앞에서 발표하고 싶은 설렘과 기대감이 들 때까지이다. 빨리 보여주고 싶고, 알려주고 싶다. 그리고 그걸 기다릴 때마다 흥분된다. 이 정도는 되어야 한다.

아마추어 프레젠터들이 가장 자주 하는 실수가 자신이 '만만한 존재'가 아니라는 것을 상대방에게 억지로 인식시키려고 하는 것이다. 이를 위해 그들은 자신을 꾸민다. 쓸데없이 자기 자랑을 하거나 그럴 듯한 과장을 하기도 한다. 이렇게 되면 상대방과 계속 힘겨루기를 할 가능성이 높고 무엇보다 서로가 서로에게 호감을 느끼는 관계로 발전할 가능성이 낮다. 상대방이 나를 좋아하게 만드는 방법은 자기 자신이 되어 감정에 충실하게 생각하고 행동하는 것이다. 내가 '나 자신'이 되면 상대방은 편안한 마음을 갖게 되고, 그런 나를 더 좋아하게 된다. 그러면 상대방이 원하는 포인트를 찾게 될 것이다.

프레젠테이션은 아무리 해도 안 되는 사람이 있다. 그러나 되고자 하는 사람은 다르다. 내가 아무리 노력해도 안 되는 사람은 안 되기 마련이나, 되고자 하는 사람은 된다. 그 차이는 의지이다. 되고자 하는 의지만 있어도 프레젠테이션은 반 이상 성공할 수 있다. 그러므로 노력하는 사람은 되기 마련이고 되는 사람은 다 자기 몫이다.

어느 날 고3 수험생인 조카가 모의고사를 잘 못 봤다며 굉장히 힘들어하고 실망하는 것이었다. 나는 조카에게 "모의고사는 잘 보는 게 중요한 게 아닌 내가 부족한 것이 무엇인지를 보는 것이다."라고 말해 주었다. 내 부족함을 발견하고 그것을 채울 수 있는 것이 무엇보다 중요하다. 하지만 우리는 무조건 잘하려고만 한다. 학생들에게 발표 연습을 시키면 발표를 잘 못했다며 굉장히 고통스러워한다. 그러면 나는 "발표 연습을 왜 하는지 아세요?"라고 물어본다. 그것은 내가 부족한 게 무엇인지를 보기 위한 것이지 잘하려고 하는 게 아니라는 것이다. 그렇게 부족함을 발견하고 채워나가다 보면 어느 순간 나는 잘하고 있음을 느끼게 된다.

지금 이 삶에서 어떤 배움을 얻는가에 따라 우리는 우리의 다음 삶을 선택한다. 아무런 배움도 얻지 않는다면 그 다음 삶 역시 똑같을 수밖에 없다. 똑같은 한계, 극복해야 할 똑같은 짐들로 고통 받는 반복적인 삶보다는 배우고, 발견하고, 자유로워지는 것, 그것보다 더 큰 삶의 이유는 없을 것이다. 내 앞에 장벽이 서 있는 것은 가로막기 위함이 아니라 우리가 얼마나 간절히 원하는지 보여줄 기회를 주기 위해 거기 서 있는 것이기 때문이다.

프레젠테이션으로부터
자유로울 수 있는 사람은 없다

프레젠테이션으로부터 자유로울 수 있는 사람은 없다. 우리는 프레젠테이션이 아니더라도 사람들 앞에 나서는 것이 일상이 되었다. 프레젠테이션은 사람들을 이끄는 리더십의 기본이며 조직 내에서 효과적인 커뮤니케이션 목적을 달성하고 협업을 유인하는 매우 중요한 매개체임을 부정하지는 않겠다. 자신감 있는 프레젠테이션 능력을 통해 부서 간, 팀원 간, 상사 또는 부하 직원과 원활한 커뮤니케이션을 할 수 있다면 상사와 또는 직원들 간의 자유로운 의사소통이 가능해지며 자신이 직장에서 인정받고 성장할 수 있는 토대와 발판을 마련하는 것이다.

나는 여러 사람들에게 다양한 비즈니스 스킬을 교육하면서 가장 중요한 것은 커뮤니케이션이며 그 중에서도 프레젠테이션이라고 생각한다. 프레젠테이션은 사회생활을 하는 모든 이들에게 매우 중요하며 특히 여러 사람 앞에 나서야 하는 경우 더욱 그러하다. 사람들은 대개 프레젠테이션을 단적인 면만 보고 스킬을 강조하는데 무엇보다 중요한 것은 내면의 자신감이다.

예를 들어 자신에 대한 확신이 없다면 기복이 심하다. 프레젠테이션이 잘될 때도 있고 안될 때도 있다. 물론 안될 때가 더 많다. 이렇게 기복이 심하면 허탈해하고 자신감이 떨어진다. 기복이 많다는 것은 자신의 내면에 대한 자신감 없이 수박 겉 핥기식으로 프레젠테이션의 단적인 스킬만 연마하는 경우이다.

프레젠테이션은 꾸준히 자신에 대한 확신과 자신감을 바탕으로 어떤 환경과 대중을 만나더라도 평정심을 잃지 않는 확고한 자신감이 필요하다. 그게 없으면 환경과 대중에 따라 자신의 프레젠테이션 실력이 좌지우지된다. 또한 자신감이 그때마다 다르다. 그런 간극을 경험할 때 허탈감과 좌절감에 빠져 프레젠테이션의 불안이 다시 찾아올 수 있다.

프레젠테이션이 어려운 것은
경험의 문제이다

프레젠터들은 떨리는 마음으로 준비된 프레젠테이션을 시작한다. 프레젠테이션 초반에 잠시 관심을 보였던 청중은 무관심한 표정과 지루한 표정으로 변해간다. 프레젠테이션을 서둘러 마무리하고 고개를 저으며 프레젠테이션 회의장을 빠져나온다. 대부분의 실패한 프레젠테이션에서 보이는 현상이다. 왜 실패할까?

처음 자전거를 배웠을 때를 기억하자. 누구나 처음 자전거에 올라탔을 때 두려움과 공포를 느꼈을 것이다. '넘어지면 어떡하지?', '부딪치거나 다치면 어떡하지?' 하는 두려움이 밀려온다. 그런데 처음 몇 번 넘어지면서 다시 일어서는 일을 반복하다 보면 그런 두려움은 없어진다. 넘어지면 금방 다시 일어나는 것은 일도 아니었다. 그러다 보니 점점 넘어지는 횟수는 줄어들고 오히려 겁이 줄어들어 속도를 더낼 수도 있고 나중에는 한 손으로 탈 수도 있다. 넘어지지 않으려 노력하기보다 넘어졌을 때 어떻게 다시 일어서는지가 중요하다. 그리고 그 과정이 내게 경험화되어 있으면 '아! 다시 일어서면 되는구나.' 라고 생각하면서 또다시 탈 수 있는 용기와 자신감이 생길 수가 있다. 그것은 나는 넘어져도 다시 일어설 수 있다는 경험이 나에 대한 믿음으로 바뀌면서 자신감이 생기는 것이다. 그러나 사람들은 넘어지지 않을 것이라고 생각한다. 아니 넘어지지 않으려고만 한다. 그러나 반대로 넘어졌을 때 일어날 수 있다고 믿는 것이 진정한 자신감이다.

예전에 프레젠테이션뿐 아니라 여러 사람들 앞에서 이야기하는 내 모습이 어색하고 부끄러웠던 적이 많았었다. 그러나 경험을 쌓으면서 남 앞에서 말하는 내 모습에 꽤 익숙해진 것 같다. 내 장점을 생각하게 되고, '아, 나도 생각보다 괜찮구나.'라는 생각에 자신감을 많이 키우게 된 것 같다. 당신도 경험을 쌓으면 당신의 장점을 생각하고 발표 내용만큼은 내가 제일 잘 알고 있다고 생각하며 모두들 내가 잘한다고 생각할 것이다. '내가 제일 잘났다.'라는 생각으로 자신감을 키우면서 계속 도전해야 한다.

자신감은 성공해본 경험에서 생겨난다. 어떠한 일을 시작할 때 사람들은 성공해본 경험이 없기 때문에 자신감을 갖지 못한다. 이것은 자전거를 타거나 대중 앞에서 연설을 하거나 수영 방법을 배우는 것이나 모두 마찬가지다. 자신감이란 '언젠가 생기겠지.'가 아니다. 그것은 필수적으로 완전한 '나'가 되는 것이다. 내 손으로 직접 쌓아 올린 경험일 때 비로소 자신감을 가질 수 있다. 열심히 노력했다면 반드시 자신감이 생긴다. 별다른 노력도, 경험도 없다면 자신감이 없는 것은 지극히 당연한 일이다. 어딘가에서 무엇을 하든 '나'를 빛나게 할 줄 알아야 한다. 그리고 정말 사랑스럽고 소중한 존재라는 것을 잊지 말아야 한다.

누군가를 좋아하고 사랑한다면 상대방이 아닌 나를 먼저 사랑해라. 그러면 상대방도 나를 사랑하게 된다. 나를 존중하고 사랑할 때 상대방을 존중하고 사랑할 수 있다. 완전한 '나'는 없다. 나를 사랑할 줄 아는 사람이 상대방의 부족함도 사랑할 수 있다. 뭔가를 이루고자 하는 사람이라면 동기가 있어야 한다. 동기는 좋은 상황과 결과를 상상하고 이를 이루기 위해 노력하는 것으로 성취했을 때 행복감을 느끼고 실패하면 슬픔을 느낀다. 반면에 동기가 없다면 나쁜 상황과 결과를 상상하고 단지 이를 피하기 위해 노력하게 된다. 그 상황을 피해 가면 안도감을 느끼게 되지만 그 과정에서 심한 불안감도 느낀다.

프레젠테이션은 실패도 경험이다

프레젠테이션을 잘하는 사람과 못하는 사람의 특징을 한 가지로 꼽으라고 하면 나는 주저 없이 커뮤니케이션이라고 말한다. 커뮤니케이션이란 단어의 뜻은 영어로는 Communication이며, 어원은 라틴어의 Communicare에서 유래되었다. 원래 '나누다'를 의미한다고 한다. 따라서 프레젠테이션 목적을 달성하기 위하여 청중과 커뮤니케이션이 중요하다고 할 수 있다. 그리고 커뮤니케이션을 잘하기 위해서는 경험이 중요하다.

나는 프레젠테이션을 어떻게 하면 쉽고 빠르게 배울 수 있냐는 질문을 종종 받는다. 그럴 때면 "프레젠테이션은 지름길이 없다."라고 이야기한다. 프레젠테이션은 오직 자신의 경험과 체념을 통해서만 얻을 수 있는 지식이다. 실패도 경험이다. 실패를 통해서 경험을 얻게 되고 그 경험들이 하나하나 쌓였을 때 우리는 자신감을 얻고 사람들 앞에서 자연스럽게 나의 의견을 설득력 있게 주장하고 이해시킨다.

그리고 성취감을 느낀다. 그렇게 성취감이 쌓이면 자존감이 높아지며 자신에 대한 확고한 신념이 생기며 무엇이든 해낼 수 있다는 자신감도 생긴다.

실수 한번 했다고 불행해할 필요는 없다. 우리가 불행해지는 것은 자기 약점을 포기했거나, 자기 약점을 깨달을 수 있도록 충분히 깨어 있지 못했거나 약점을 극복하려고 노력하지 않았거나, 노력이 부족해서 실수를 저질렀을 때이다. 그리고 꾸준하게 나의 장점을 자주 떠올리며 단점들을 장점에 연관시킬 수 있도록 마인드를 가지는 것이 중요하다. 그러한 연습을 통해서 그 경험이 자신감으로 변화할 것이라고 생각한다.

세상에서 가장 쉬운 것은 포기하는 것이다. 보이지도 않는 두려움과 수치심 때문에 우리는 백기를 든다. 그러면 지금 당장은 심신이 편할 수 있다. 하지만 곧 미래에 대한 불안으로 돌아온다. 눈에 보이지도 않는 두려움으로 인해 자신을 방치하고 곧 아무것도 하지 않는 것은 정말 어리석은 일이다. 당신이 진정으로 두려워하는 것은 무엇인지 스스로에게 물어보길 바란다. 당신이 실패하는 유일한 길은 노력을 포기하는 것임을 기억하라. 그러니까 당신이 잃을 것은 시도할 때의 두려움뿐이다. 그 다음엔 모든 것을 얻게 된다.

프레젠테이션은 환경이나
능력의 문제가 아닌 용기의 문제다

우리는 과연 '나'자신을 얼마나 잘 알고 있고 사랑하고 있을까? 자신감은 정확하게 자신을 바라보는 관점의 문제이다. 나를 얼마나 사랑하고 믿느냐가 중요하다. 그래야만 실패도 용납할 수 있다. 자신을 사랑할 수 있는 여유와 편안함을 얼마나 가지고 있느냐에 따라 내면의 자신감이 생긴다. 그러기 위해 자신의 분야에 대해 끊임없이 공부하고 고민해야 한다. 그렇지 않으면 내면의 자신감이 생겨나지 않는다. 지성과 이성의 힘을 갈고닦아서 타인의 의견이나 주장에 실린 의도를 정확하게 읽을 수 있어야 한다. 삶에는 뚜렷한 원칙이 서 있어야 하고 설령 약간의 불이익이 따르더라도 이런 원칙을 어떤 상황에서도 양보하지 않고 우직하게 지켜내는 것이 자신을 보호하는 길이자 올바른 삶의 길이기도 하다.

이런 자신감을 얻기 위해서는 우리는 얼마든지 변할 수 있는 존재이며 그러기 위해서는 지금의 나를 그대로 받아들이고 인생에 놓인 문제를 직시할 '용기'가 필요하다. 성공도 실패도 모두 '용기'의 문제이지 환경이나 능력의 문제는 아니다. 그리고 자신감도 마찬가지로 환경과 능력의 문제가 아니다. 바로 '용기'의 문제이다. 성공하려면 환경과 능력 탓으로 돌리지 말고 반대로 실패할 용기도 있어야 한다. 그런 용기가 생겼을 때 우리의 자신감은 훨씬 더 성장할 수 있다.

노골적인 주장보다는
탄탄한 근거와 이유를 제시해라

근거 없는 주장은 자칫 신뢰감을 떨어뜨리게 된다. 프레젠테이션은 논리학과 비슷하다. 그중에서도 논증이 구성되는 순서 즉 대전제-소전제-결론이라는 순서가 우리가 생각하는 순서와는 반대로 구성되어 있다. 우리는 자신의 생각을 상대에게 증명해야 한다. 그래야 나의 생각에 의문을 제기하는 상대방을 설득할 수 있다. 여기서 논증을 떠받치는 이유와 근거가 탄탄해야 한다.

논증은 실제로 집 짓는 일과 비슷하다. 근거라는 '튼튼한 기초 위에' 이유를 '세우고' 이를 '기둥' 삼아 주장을 올려놓는다. 이렇게 논증은 비판하는 상대방이 '흔들더라도 끄떡없을 만큼 기초가 튼튼해야' 한다. 특히 청중을 설득시키기 위해서는 자신의 이야기를 그대로 받아들여 주기를 바라며 노골적으로 주장을 내세우는 것은 자칫 비판적이고 무례하게 보일 수 있다. 어떠한 주장이든 하나 이상의 이유를 이야기하고 그것을 뒷받침해 주는 어휘를 사람들은 기대한다.

이성이란 말은 영어 'Reason'을 번역한 말로 '이성'이라는 뜻과 '이유'나 '근거'를 뜻한다. 즉 '이성'이란 '이유'나 '근거'를 댈 수 있는 인간의 능력을 의미한다고 말할 수 있다. 다시 말해 '소크라테스는 죽는다.'라는 주장에 대해 '모든 사람은 죽는다.'와 '소크라테스는 사람이다.'와 같은 근거를 찾아낼 수 있는 것이 바로 이성의 힘이며 이것이 논리이다.

소크라테스는 죽는다: 주장
모든 사람은 죽는다: 근거
소크라테스는 사람이다: 이유

어떤 주제든 주장은 핵심이며 생명이다. 프레젠터의 어떤 주제에 대한 주장은 생각의 발산이다. 청중과 소통하기 위한 주장에 대한 이유와 근거는 청중을 납득시키고 설득하기 위한 기술이다. 글의 주장은 그 이유와 근거가 탄탄해야 청중들이 프레젠터의 주장에 동의하고 공감하기 때문이다. 만약 상대방이 나의 주장을 듣자마자 그것을 즉각 수용한다면 나는 근거를 찾아서 제시할 필요조차 없다. 그러나 상대방은 쉽게 주장을 수용하지 않는다. 오히려 나의 주장에 반대하려고 할 수도 있다. 그렇게 되면 양측의 주장이 맞서게 될 것이고 이때 누구의 근거와 이유가 더 탄탄하냐에 따라 이성의 능력을 인정받게 되고 상대방으로부터 동의와 공감을 얻을 수 있게 된다.

전문성을 부각시켜라

『설득의 심리학』의 저자 로버트 치알디니는 청중은 권위 앞에 복종하려는 심리를 가지고 있다고 하였다. 그러므로 청중에게 권위와 전문성을 어필해야 신뢰를 얻을 수 있다는 것이다. 누구나 자신보다 뛰어난 전문성을 지닌 전문가에게 배우고 싶은 욕구를 가지고 있다. 나보다 못한 사람에게 배우는 것은 누구도 원치 않을 것이다. 그런 청중의 심리를 잘 이용하는 것이 중요하다. 그러면 반대로 전문성이 없는 사람은 청중 앞에 설 수 없다는 것인가? 여기서 전문성이라는 것이 무엇이냐가 중요하다.

전문성은 두 가지로 나눌 수 있다. 첫째는 학력이다. 그 분야에 석사나 박사 학위를 가지고 있으면 지식적인 전문성을 인정한다. 둘째는 학력은 없지만 현장에서 쌓은 경험과 노하우다. 보통 중소기업 CEO들은 자수성가한 스타일이 많다. 어렸을 때부터 학력과 멀지만 현장에서 기계를 만지며 몸소 지식을 쌓았기 때문에 오히려 학력보다 더 많은 경험과 노하우를 가질 수 있다.

즉 내가 관련 분야의 높은 지식과 학력이 있으면 그것을 내세우면 되고 반대로 현장 경험과 노하우가 많으면 그것을 내세우면 될 것이다. 전문가라는 것은 전문 학위를 취득하거나 학력이 높은 것만이 아니다. 현장에서 몸소 겪은 경험이나 노하우도 존경 받을 만한 전문가이기 때문이다. 다시 말하자면 청중은 권위와 전문성에 약하다. 또한 전문가에게 배우고 싶은 욕구를 지니고 있다. 전문가는 지식과 학위가 높아야만 얻어지는 것이 아니다. 현장의 경험과 노하우로도 충분히 전문가로 인정받을 수 있으며 청중은 그런 프레젠터에게 듣고 싶은 욕구를 가지고 있다.

프레젠테이션은 설득이다

설득력을 높이는 것은 논리적으로 설득적일 뿐만 아니라 감성적으로 신뢰를 확보하는 것이다. 일반적으로 사람들은 100% 논리적으로 의사 결정을 한다고 생각하지만 사실 그렇지 않다. 청중들은 알면서도 비이성적인 결정을 하는 경우가 있다. 청중의 의사 결정에는 이성과 감성이 혼재되어 있다.

보통 청중은 무엇보다도 이익을 더 중요하게 생각한다. 그것을 선택했을 때 청중이 갖게 되는 효용성을 따진다. 이것을 효용 가치Benefit라고 한다. 효용 가치라는 것은 고객이 지불하는 비용 대비 얻게 되는 효용이 더 크다고 생각했을 때 의사 결정을 하는 것이다. 즉 고객이 채택했을 때 갖게 되는 가치가 효용 가치이다. 예를 들어 몇 개의 그룹으로 나누어 제품을 팔게 하였을 때 판매자와 구매자의 입장 차이는 다 다르다. 그리고 구매를 결정했을 때 지불하는 금액도 천차만별이다. 하지만 이때 구매자의 만족도는 비슷하지만 구매 금액이 차이

나는 경우를 볼 수 있다.

　즉 효용 가치라는 것은 구매자의 주관적인 만족도이다. '나니까 이 정도로 샀다.'라고 착각을 불러일으킬 수 있는 효용의 가치를 넣어주는 것이다. 그러면 구매자는 그 효율 가치에 맞는 합당한 금액을 지불할 것이다. 제품의 금액을 결정하기에 앞서 고객이 그 제품을 가졌을 때 갖게 되는 효용 가치에 더 집중을 한다면 금액은 쉽게 결정될 수 있을 것이다. 금액은 인지적이다. 가치는 감성적이다. 얼마만큼 구매자의 효용적 가치를 키워주느냐에 따라 판매자의 가치는 달라진다는 것이다. 이를 위해 논리적 설득만이 아닌 감정적으로 신뢰를 확보하는 것이 중요하다.

· 제11절 ·

3초 안에 아이디어가
떠오르게 하는 방법

상대방이 질문했을 때 답변을 바로 할 수는 없을까? 먼저 발표에 대한 두려움을 없애는 게 중요하다. 답변을 못 하면 아이디어가 없는 사람일까? 그렇지 않다. 아이디어가 있지만 그것을 자신 있게 효과적으로 전달을 못할 뿐 아이디어가 없는 것이 아니다. 반대로 아이디어가 부족해도 자신 있고 효과적으로 전달만 잘하면 상대방은 그 사람을 아이디어가 뛰어나고 능력 있는 사람으로 판단할 것이다. 아니, 그렇게 믿게 될 것이다. 이렇듯 발표는 아이디어와 상관이 없다. 아이디어는 누구나 가지고 있지만 그것을 사람들 앞에서 효과적으로 이야기하지 못할 뿐이다. 그렇다면 어떻게 효과적으로 30초 안에 아이디어가 떠오르게 할 수 있을까?

먼저 상대방의 질문에 시간을 버는 것이다. 즉 아이디어가 떠오를 때까지 그 찰나의 시간을 버는 것이다. 직장 상사가 "사업 계획서 잘

되어가고 있어?"라고 물으면 일단 "사업 계획서요?"라고 다시 되물어라. 일단 상대방의 질문이 맞는지를 확인하는 것이고 상대방에게도 내가 질문 내용을 잘 듣고 이해했다는 인상을 줄 수가 있다. 이렇듯 상대방의 질문에 내가 다시 되물으면 상대방이 맞다고 대답할 때까지 시간을 조금 더 벌 수 있다. 그리고선 '사업 계획서'는 ~이라고 상대방의 질문을 주어로 넣어 답변을 준비한다. 이 정도의 시간만 벌어도 내 아이디어를 충분히 생각할 시간이 될 것이다.

Chapter
04

Intro로 시작해서
Impact로 끝내라

Story Line 구성

Story Line은 상대방을 설득할 수 있는 도구Tool로 반드시 상대방을 설득할 수 있는 논리 구조를 가져야 한다.

• Intro: 자신감 있는 태도와 인사(자기소개)

처음 청중 앞에 섰을 때 긴장을 하게 된다. 이때 자신감 있는 태도와 밝은 표정과 미소로 호감을 준다. 프레젠터의 첫인상으로 청중들은 선입관을 갖게 된다. 자신감 있는 행동과 말로 청중에게 신뢰와 호감을 주는 것이 중요하다.

• Why: 상대를 집중시켜라

만약 CRM 시스템 제안에 관련해서 "만약에 앞으로 신규 고객을 유치한 후 고객 관리를 하지 않으면 어떻게 될까요?"라고 질문하면 청중들은 '과연 무슨 말을 하려고 저런 말을 할까?'라고 귀를 쫑긋 세울 수밖에 없다. 왜냐하면 고객 관리는 정말 중요한 세일즈이기 때문이다. 그런데 그것에 대해 의문을 갖게 한다면 청중의 관심을 집중시킬 수 있다.

• What: 핵심 포인트에 대해 간략한 소개를 하라

그 다음 얘기로 "그야말로 고객 관리는 중요하지 않을 수 없습니다."로 중요성을 말한 후 본문으로 들어가는 것이다. 오늘 프레젠테이션에서는 CRM에 대해서 두 가지를 말씀드리겠다고 말하며 첫째로 고객 관리의 중요성과 둘째로 영업 사원의 역량에 대한 핵심 포인트로 간략한 사진 소개를 한다.

• Fact: 핵심 포인트를 설명하라

첫째 CRM은 이렇습니다.

둘째 영업 사원의 역량은 이렇습니다.

• How: 핵심 포인트를 입증할 만한 근거를 설명하라

핵심 포인트를 입증할 만한 근거들을 얘기한다. 예를 들어 CRM의 대표적인 성공 사례 및 실패 사례에 대해서 설명한다. CRM의 중요성 그리고 영업 사원의 역량이 CRM 성공에 미치는 영향 등에 대해 설명한다.

• Repeat: 핵심 포인트를 강조하라

핵심 포인트를 다시 한 번 더 강조하면 청중들은 더 오래 기억한다.

• Solution: 솔루션을 제공한다

마지막으로 솔루션을 이야기한다. CRM도입의 중요성과 영업 사원의 역량 등 갖춰야 할 요소를 솔루션에 설명한다.

• Effect: 상대의 이익을 명시하라

솔루션을 적용했을 때 상대가 얻게 되는 이익을 명시해야 한다.

'CRM을 도입했을 때 고객 유지 효과가 몇 억 원이다.', '영업 사원 역량을 향상했을 때 고객 확보 및 유지에 대한 효과가 몇 억 원이다.' 라고 되도록 정성적 가치보다는 정량적 가치와 이익을 명시해 준다.

• Impact: 마지막 끝맺음은 강력한 감성적 메시지와 이미지로 마무리한다

〈Tip〉
프레젠테이션 논리구조
배경 및 문제-대안-해결책
현황-분석-제안
가장 중요한 것-다음으로 중요한 것-덜 중요한 것
반대의견-찬성의견-발표자의 의견 반대 혹은 찬성
배경 지식-다수 의견-발표자의 의견
과거-현재-미래
가설-결과-분석

2W–FHR–SE: **설득형 프레젠테이션**

설득형 프레젠테이션의 목적은 청중을 설득시키기 위한 것이며 논리적 전개가 필수적이다. 청중을 설득시켜 특정한 사안에 대해 무엇인가를 결정하도록 만드는 것이 목적이기 때문에 사업제안에서 많이 쓰인다. 무엇보다 듣는 사람이 발표자의 말에 동의할 수 있게 의견이나 주장을 강하게 어필해야 한다. 그러기 위해서는 관련 정보와 배경 지식을 폭넓게 연구하고 청중에 대해서는 면밀하게 파악해두어야 한다.

핵심은 핵심 포인트와 객관성 있는 근거 제시이다. 핵심 포인트를 먼저 설명한 후에 이를 입증할 만한 근거와 사례를 제시함으로써 설득력 있는 프레젠테이션이 된다. 논리와 감성의 균형을 유지하는 것이 좋다. 무엇보다 핵심 포인트를 정확히 강조하는 것이 중요하다. 또한 구체적인 솔루션을 제시함으로써 향후 상대가 갖게 될 이익과 효용 가치를 정확히 전달하는 것이 중요하다. 특히 내·외부의 의사결정권자인 경영진 또는 실무자를 설득시키는 경우가 많다.

설득형 프레젠테이션의 Story Line

구분	주제	슬라이드(예시)		시간분배
Intro	자기소개	안녕하세요(소속, 회사명, 직책 등) ○○○입니다.	연결어	Openning 6분(20%)
		저는 (하는 일, 전문성 등)하고 (또는 맡고) 있습니다.	연결어	
Why	관심집중	혹시 (주제와 연관된 이슈)에 대해 알고 계세요?	연결어	
What	간단 소개	저는 오늘 (주제, 이슈, 핵심 포인트 사전 소개)에 대해서 말씀드리고자 합니다.	연결어	본문 18분 (60%)
Fact	핵심 포인트 설명	핵심 포인트 설명	연결어	
How	핵심 포인트 입증	핵심 포인트를 입증할 만한 근거, 사례 등	연결어	
Repeat	핵심 포인트 강조	핵심 포인트를 강조	연결어	
Solution	솔루션	구체적인 솔루션 방안 제시 투자, 가격 등	연결어	Closing 6분(20%)
Effect	이익, 효용가치	이로 인해 귀사가 갖게될 (매출 증대, 비용 감소)는 이렇습니다. 상대가 갖게될 이익, 효용가치	연결어	
Impact	끝맺음 말	(감성 메시지) 지금까지 제 이야기를 들어주셔서 감사합니다.		

〈Tip〉

논리적인 전개가 필요한 프레젠테이션은 주제가 있다. 문제를 제시하고 대안이나 해결방안을 제공하는 내용 또는 목표와 전략, 그에 따른 계획 등을 좀 더 체계적으로 설명해야 하는 프레젠테이션이다. 무엇보다 논리적인 구조로 발표 내용을 풀어갈 때 쓸 수 있는 표현이다.

*첫째, 둘째, 셋째, 다음으로, 마지막으로
의제를 확실하게 구분해 주므로 본문 설명이 길어지는 경우에 사용하면 효과적이다.

*제가 소개드리고 싶은 첫 번째 포인트는~입니다.
프레젠테이션에서 효과적인 비교 방법은 시장에서 가장 경쟁력 있는 상품과의 유사점을 비교/설명하면서 자사 제품이 기능과 가격 면에서 손색이 없다는 것을 먼저 강조하는 것이다. 그러고 나서 경쟁사의 기존 상품과 비교해서 탁월한 차이점을 강조하는 것이다.

저희 상품은 경쟁사의 상품과 많은 점에서 다릅니다.
마찬가지로 A는 많은 점에서 B와 다릅니다.
A와 B 사이에는 몇 가지 차이점이 있습니다.
A는 B와 유사합니다.
A는 몇 가지 점에서 B와 유사합니다.

유사점, 차이점을 구체적으로 비교/분석할 때

어떤 점에서 유사하거나 차이가 있는지를 설명하면서 구체적인 비교, 분석을 할 때는 설명하고자 하는 상품이나 아이디어의 우월성을 강조하는 것이 포인트이다.

A는 ~라는 점에서 B와 다릅니다.
A와 B를 비교해 보면, ~ 와 비교했을 때 이렇습니다. 그래서 비교가 안 됩니다. 혹은 저희 A가 훨씬 우월합니다. 또는 효과적입니다.
인건비와 소비자 물가는 몇 가지 공통점이 있습니다.
국내 제조시설과 중국 공장을 비교해 보면 국내 제조시설의 이윤이 더 높다는 것을 알게 될 것입니다.

우리 회사의 제품이 다른 경쟁사와 단순 비교할 수는 없습니다.

매출과 이윤을 비교해 보면 우리의 생산력이 얼마나 급속도로 증가해 왔는지 쉽게 알 수 있습니다.

저희의 잠재능력은 경쟁사들과 비교가 안 됩니다.

〈Sample〉

안녕하십니까. 오늘 ○○○주식회사의 ○○○사업 제안을 발표하려고 합니다. 먼저 이 사업제안을 발표할 수 있도록 기회를 마련해 주신 여러분께 감사드립니다. 그럼 이제부터 준비한 프레젠테이션을 시작하도록 하겠습니다.

저는 이번 사업의 총괄을 맡고 있는 ○○○주식회사 ○○○부서의 총괄 이사 ○○○입니다. 저는 IoT사업을 총괄하고 있으며 귀사의 새로운 핵심 솔루션을 제안토록 하겠습니다.

저희는 혁신에 대해 생각할 때마다 전화기를 발명한 알렉산더 그레이엄 벨이 떠오릅니다. 벨은 전선을 이용해 음성 신호를 멀리 전달하는 자신의 발명이 훗날 공기 속을 흘러 다니며 전 세계를 하나로 연결해 주는 수많은 음성과 데이터 신호가 될 줄은 상상도 못 했을 것입니다. 여러분 ○○○사업을 벨이 이루어낸 혁신처럼 만들어 가겠습니다.

○○○사업은 무선 데이터 통신용 고급 시스템을 설계하고 개발해서 판매합니다. 저희 네트워크는 빠른 속도와 높은 대역폭으로 시장에서 가장 신뢰할 수 있는 혁신적인 데이터 통신 트랜지스터로서 경쟁력에서 차별화됩니다. 또한 저희는 고객중심이라는 점에서 경쟁사와 다릅니다. 국내 시장의 주요 유통망을 통해 직접 판매되며 24시간 무료 고객 서비스에 중점을 두고 있습니다.

주력사업 소개

(지난 몇 년간 회사의 주력 사업이 어느 분야에 집중해 왔는지를 설명한다. 또한, 앞으로 바뀌게 될 주력 사업이 어느 분야일 것인지 미리 알려 주는 것도 효과적이다. 회사의 주력 사업이 설립 이래 지금까지 한결같았다면 해당 주력 사업의 성장 동력이나 핵심 사업에 대해 설명해 준다. 또한 성장률 및 시장점유

율도 설명한다. 주력 사업이 바뀐 경우에는 새로운 주력 사업의 잠재적인 가치 등을 각종 자료를 통해 설득력 있게 제시한다.)

먼저 프레젠테이션은 세 부분으로 이루어져 있습니다. 먼저 회사소개를 해드릴 것이며, 다음으로 주요 사업수행 실적을 설명드리겠습니다. 마지막으로 핵심 사업제안을 요약해 드릴 것입니다. 본 프레젠테이션은 약 15분 정도 소요될 예정이며 나머지 시간에는 여러분의 질문을 받도록 하겠습니다.

그럼 이제 바로 첫 번째 회사소개를 말씀드리면서 프레젠테이션을 시작하겠습니다.

회사소개
(회사소개를 할 때 회사의 설립 동기와 주요 성장 동력, 대표자의 약력과 경영철학 등은 기본적으로 파악하고 있어야 한다. 구태의연하게 회사 연혁을 베껴 읽는 실수는 하지 않는다. 회사의 특정 사업 중에서도 설립 동기가 될 만한 에피소드, 성장의 계기가 된 일화 등을 될 수 있으면 재미있게 설명해 준다. 대표자의 약력이나 경영 철학 등은 회사의 비전을 보여줄 수 있는 내용에 한정해서 선택적으로 소개한다.)

○○○사업은 현재 호주 시드니에서 운영되고 있습니다. 약 100명의 직원이 연구개발, 마케팅, 고객 지원, 행정 업무에 전력을 다하고 있습니다. ○○○은 서로 다른 3개의 사업 분야에서 대규모의 고객층에게 가치 서비스를 제공하고 있습니다. 저희는 대규모 연구 개발 투자를 통해 기술적으로 향상된 서비스를 제공하고, 경쟁사보다 더 많은 수익을 안겨드릴 것으로 확신하고 있습니다. 사업을 개시한 첫해에는 연매출 1만 달러, 그리고 5년 내에 4천 8백만 달러까지 매출을 끌어올릴 예정입니다.

성공 사례와 핵심 상품 및 서비스
(회사의 업적이나 성공 사례는 회사 연력을 설명할 때 간략하게 언급한 뒤, 관련 사항들을 강조하면서 회사의 핵심 상품(혹은 효자 상품) 및 서비스와 연계해서 설명한다. 성공 사례는 너무 과장하거나 겸손해하지 않는 태도로 솔직하고 자신감 있게 설명하는 것이 좋다. 이때 기사나 통계 자료를 적극적으로 활용하는 것도 좋은 방법이다. 핵심 상품은 지난 몇 년간 실적이 좋은, 시장에서

도 잘 알려진 히트 상품들을 몇 개 선정하여 회사의 기반이 단단하며 획기적인 기술 개발을 바탕으로 한 상품화 능력이 있다는 점을 강조해야 한다. 또한 꾸준한 상품 가치 개발과 연구를 위해 기술 개발이나 기술 도입 분야에서 끊임없이 연구한다는 면모를 보여주면서 신뢰감을 얻는 게 중요하다.)

만약 해외 사업이 있을 경우
청중이 외국 투자자이거나 공동 사업을 함께할 외국 기업일 때는 회사의 국제적인 시장성 및 경쟁력을 강조할 필요가 있다. 그리고 수출 무역의 로드맵(Road Map: 어떤 일의 기준과 목표를 만들어 놓은 것)이나 현황을 설명할 때는 당연히 미국 달러를 기준으로 해야 한다. 각종 연구 결과와 통계 자료 및 시장성 예측 전망 같은 자료들 역시 가능하다면 국제적으로 통용되는 이론을 참고해서 작성하는 것이 더욱 효과적이다. 특히 한국적인 경제관념에서 해석하기보다는 해외 시장이라는 특수성을 감안해 현지화된 개념 및 시장성에 주점을 두어야한다.

저희는 주요 도시에 위치해 있으며 업계 최고의 연구진을 보유하고 있습니다. 무엇보다도 가장 중요한 점은 저희의 시초 상품들이 다양한 제품들로 응용·개발될 수 있다는 사실일 것입니다. ○○○는 다양한 기술을 확장할 수 있는 탄력성이 있습니다. 또한 저희의 주력 사업은 빠르게 성장하고 있다는 점입니다. 그리고 저희의 신기술은 귀사의 사업 분야에 사용될 수 있는 추가적인 가능성을 가지고 있습니다. 저희가 주력하는 사업 분야의 성장이 치열한 경쟁을 유발할 수도 있다는 문제에 대해서도 걱정하고 있습니다. 그러나 저희의 혁신 기술은 그렇게 쉽게 모방할 수 있는 것이 아니라고 생각합니다.
다음으로는 핵심적인 사업제안을 드리도록 하겠습니다. 첫째, 둘째, 셋째 ~할 것입니다. 또한 인적 자원에 좀 더 집중하고 사업의 성공적 수행을 위해 최선을 다할 것입니다.

'첫째, 둘째, 셋째, 다음으로, 마지막으로' 등을 사용하여 본문을 설명할 때 의제를 확실하게 구분해 주어 청중이 이해하기 쉽도록 설명한다.

요약해드리면 ○○○사업은 귀사에 매출증대와 비용절감이라는 두 마리 토끼를 안겨드릴 것입니다. 그리고 저희의 의지도 분명합니다. 저희의 신기술을 통해 저희는 고속 무선 데이터 통신 분야의 시장 선두 주자로서, 귀사의 사업을

성공적으로 실현시킬 수 있습니다.

시간을 내 관심 가져 주셔서 감사드립니다. 그럼 이제 여러분께 질문하실 수 있는 시간을 드리겠습니다.

W-FHR: 정보전달형 프레젠테이션

　　정보전달형 프레젠테이션의 목적은 청중에게 정보를 효과적으로 전달하는 것이다. 즉 전체적인 상황을 파악할 수 있는 개념 및 설명 전개가 필요하다. 신제품 발표나 마케팅 계획, 예산 보고, 학술 관련 세미나를 할 때 많이 쓰이는 설명이 목적인 프레젠테이션으로 청중에게 새로운 정보를 제공해서 쉽게 이해시키는 것이 목적이기 때문에 내용을 상세하고 정확하게 전달하는 것이 중요하다. 그렇다고 해당 주제에 관련된 지식을 욕심껏 모두 쏟아부어서는 안 된다. 청중이 알고 싶어 하는 사실이 무엇인지? 청중이 무엇을 원하는지를 잘 파악해서 거기에 필요한 정보를 효과적으로 제공할 수 있어야 한다.

　　핵심 포인트 설명의 누락, 중복 없이 정보를 나누고 그룹핑하여 제한된 시간 내에 내용을 명확하고 이해하기 쉽게 설명하는 프레젠테이션이다. 산재된 정보를 그룹핑Grouping하여 구조화하는 것이 기본이다. 무엇보다 발표자의 생각이나 제품 또는 서비스에 대한 설명을 잘하면 된다.

정보전달형 프레젠테이션의 Story Line

구분	주제	슬라이드(예시)		시간분배
Intro	자기소개	안녕하세요(소속, 회사명, 직책 등) ○○○입니다.	연결어	Openning 6분(20%)
		저는 (하는 일, 전문성 등)하고 (또는 맡고) 있습니다.	연결어	
Why	관심집중	혹시 (주제와 연관된 이슈)에 대해 알고 계세요?	연결어	
What	간단 소개	저는 오늘 (주제, 이슈, 핵심 포인트 사전 소개)에 대해서 말씀드리고자 합니다.	연결어	본문 21분 (70%)
Fact	핵심 포인트 설명	핵심 포인트 설명	연결어	
How	핵심 포인트 입증	핵심 포인트를 입증할 만한 근거, 사례 등	연결어	
Repeat	핵심 포인트 강조	핵심 포인트를 강조	연결어	
Impact	끝맺음 말	(감성 메시지) 지금까지 제 이야기를 들어주셔서 감사합니다.		Closing 3분(10%)

<Tip>

안녕하십니까. 여러분 ○○○ 신제품 발표회에 오신 것을 환영합니다. 오늘 이렇게 여러분 앞에서 발표를 할 수 있게 되어 기쁘게 생각하며, 이제부터 발표회를 시작하도록 하겠습니다. 먼저 제 소개를 드리면 저는 ○○○부서의 총괄 이사 ○○○입니다.

저는 오늘 여러분에게 ○○○에 관해 간략하지만 빠짐없이 소개해드릴 것입니다.

마케팅 계획 프레젠테이션

마케팅 계획은 실무에서 많이 사용되는 프레젠테이션 주제 중 하나이다. 주로 업무 내용을 보고하는 형태로 기획되며 사내에서 동료나 상사를 대상으로 하는 경우가 많다. 따라서 편안하고 자연스러운 태도로 전문 용어를 사용해 다양한 자료와 수치에 근거한 계획을 제안하는 것이 좋다.

첫 번째로 기업의 회계연도와 목표를 명확히 제시해준다. 기업의 목표란 단순하게 말하면 기업이 달성하고자 하는 성과라고도 할 수 있다. 또한 명확한 목표 설정과 함께 고려해야 할 것이 바로 고객관리이다. 기업의 목표가 성취되기 위해서는 고객관리 전략도 빠트려선 안 된다.

두 번째로 기업의 목표가 명확하게 규정되었다면 사업부의 목표, 각 부서의 목표 식으로 큰 부분에서 작은 부분으로 목표를 계층화해야 한다. 물론 각 부문별 목표는 추상적인 요소를 배제하고 구체적이고 실현 가능한 항목들로 설정해야 한다.

세 번째로 논의되어야 할 것은 프레젠테이션에서는 본론에 해당하는 부분으로, 사업 포트폴리오 구성 및 사업 단위별 경쟁 전략이다. 현재의 포트폴리오를 철저히 분석해 핵심 사업의 상대적인 시장 점유와 시장 성장성 등을 구체적으로 비교/제시한다. 시장 성장성에는 사업의 확대, 유지, 수확(결과), 정리, 철수 등의 전략이 모두 포함되어야 한다. 또한 시장 침투와 경쟁력 향상, 시장 및 상품 개발, 상품 다각화 전략 등의 성장 전략 개발에 대한 구체적인 설명도 필요하다.

여기에 덧붙여 전략 목표를 위해 각 팀이나 부서들이 해야 할 일과 부서 간의 유대 관계 또는 협의체 구성 등 협력을 도모할 수 있는 기능적인 전략 계획 등도 함께 제시해주면 좋다.

시장 조사 프레젠테이션

시장 조사 프레젠테이션은 기본적으로 많은 설문 자료를 바탕으로 이루어지기 때문에 도표나 그래프, 통계 수치 등의 다양한 시각자료가 동원될 수밖에 없다. 프레젠테이션 준비를 할 때는 각종 수치와 자료들을 일목요연하게 정리하여 될 수 있으면 간단하게 표현한다. 그리고 모든 설문 조사 결과를 일일이 나열할 필요는 없다. 특히 중요한 부분이나 예상 밖의 결과에 초점을 맞추어 프레젠테이션의 방향에 맞게 분석적으로 설명하는 것이 중요하다.

시장조사 프레젠테이션은 대부분 고객의 선호도나 성향을 중요시하는 신상품 개발에 진행된다. 따라서 프레젠테이션의 결과에 따라 향후 정책이나 마케팅 계획을 조율하는 절차에 많은 영향을 끼치기도 한다.

시장조사 프레젠테이션은 그 특성상 객관적인 자료를 바탕으로 하고 있지만 단순히 각종 수치나 통계만을 무미건조하게 보여 주는 것에 그쳐서는 안 된다. 자료들을 면밀하게 분석하여 거기에서 제품이나 서비스의 시장성 및 수익성 등 감추어진 지표들을 이끌어내 청중에게 설명할 수 있어야 한다. 나아가 통계, 설문지 등의 자료를 적극 활용하여 상품 기획 제안이나 잠재적인 미래 수익성 예측 등 발표자의 견해를 제시할 수도 있다. 물론 발표자의 견해를 뒷받침하기 위해 수치를 왜곡하거나 과장하는 일은 없어야 한다.

예산 관련 프레젠테이션

예산 관련 프레젠테이션을 할 때는 특정한 논리 전개 유형에 따라 진행하는 경우가 많다. 임원들이 미리 지정해 놓은 예산 계획에 따라 세부 사항을 맞추어 가는 식이다. 이렇게 기업의 임원진이 계획이나 방침을 정한 뒤 그 실행을 하부 조직에게 지시하는 것을 톱다운(Top-down) 방식이라고 한다. 하지만 예산 과정을 항상 이런 톱다운 방식에 맞출 필요는 없다. 프레젠테이션의 서론 부분에서는 톱다운 방식으로 미리 결정된 시나리오를 따라가다가, 중간 부분에서는 하부 조직에서 기획한 의견이나 전략 등을 임원진의 결정에 도입시키는 보텀업(Bottom-up)방식을 병행할 수도 있다.

2W-FRH-E: 문제해결형 프레젠테이션

　문제해결형 프레젠테이션은 상대방이 과제에 대한 결론을 명쾌하게 이해할 수 있도록 해야 한다. 주로 기업체에서 보고형으로 많이 쓰인다. 현황을 분석하여 문제점을 도출한 후 철저한 원인 분석을 통해 해결 방안을 찾아야 한다. 그리고 그 해결 방안을 택했을 때 얻게 될 기대 효과도 논리적으로 전개하여 리더Leader 또는 의사 결정권자를 설득해야 한다.

　해결 방안은 한 가지만이 아닌 여러 가지 가능성 있는 안을 함께 제시함으로써 최종 리더Leader 또는 의사 결정권자가 결정하도록 해야 한다. 이때 중요한 것은 그 안을 택했을 때 얻게 되는 기대효과, 즉 미래의 청사진을 정확히 제시해야만 리더Leader 또는 의사 결정권자가 합리적인 결정을 할 수 있다는 것이다.

〈Tip〉

회사 내, 외부 현안사항 또는 이슈사항에 대한 프레젠테이션
리더 또는 의사 결정권자에게 현안 문제를 해결해 주는 문제 해결자가 되어야
한다. 현황 문제점-원인 분석-해결 방안-기대 효과의 논리적인 구성이 핵심이
다. 문제해결형은 논리적 설득이 중요하기 때문에 미사여구 사용을 자제해야
한다.

기타 상사의 수명사항에 대한 보고 프레젠테이션
상사의 수명사항에 대한 보고는 상사가 무엇을 알고 싶어 하는지를 분명히 파
악할 필요가 있다. 그 다음에는 목적이 무엇인지, 사업 확장인지, 재검토인지
등을 분명히 하고 원인과 문제점에 대해 도출하고 그에 따른 세부적인 해결방
안을 수립해야 한다.

문제해결형 프레젠테이션 Story Line

구분	주제	슬라이드(예시)		시간분배
Intro	자기소개	안녕하세요(소속, 회사명, 직책 등) ○○○입니다.	연결어	Openning 6분(20%)
		저는 (하는 일, 전문성 등)하고 (또는 맡고) 있습니다.	연결어	
Why	관심집중	혹시 (주제와 연관된 이슈)에 대해 알고 계세요?	연결어	
What	간단 소개	저는 오늘 (주제, 이슈, 핵심 포인트 사전 소개)에 대해서 말씀드리고자 합니다.	연결어	본문 21분 (70%) 현황, 문제점: 5분
		첫째, 현황 및 문제점 분석 둘째, 원인분석 및 예상 리스크 셋째, 해결방안, 기대효과	연결어	
Fact	현황, 문제점	세부현황 및 문제점 도출	연결어	원인분석: 5분
Risk	원인분석	세부원인분석 및 예상 리스크(Risk)	연결어	해결방안: 5분
How	해결방안	구체적 세부실행계획		기대효과: 5분
Effect	기대효과	이로 인한 기대효과(매출 증대, 비용 감소)는 이렇습니다.	연결어	Closing 3분(10%)
Impact	끝맺음 말	(감성 메시지) 지금까지 제 이야기를 들어주셔서 감사합니다.	연결어	

〈Tip〉

안녕하십니까. ○○○부서의 ○○○기획 담당자 ○○○입니다.
오늘 저는 ○○○에 대해 말씀드릴까 합니다. 이 보고는 ○○○상무님의 요청
으로 최근 개발된 것입니다. 또한 본 프레젠테이션의 목적은 ○○○전략을 수
립하여 ○○○사업의 문제점을 극복하는 것으로 이를 통해 시장 선점과 매출
신장을 하고자 합니다.

오늘 프레젠테이션의 핵심은 종합적인 ○○○사업을 전개해나가는 데 있어 현
황과 문제점을 살펴보고 이 문제점을 극복할 수 있는 방법을 찾아보는 것입니다.
본 발표 시간은 약 10분 정도로 예상되어 있으며 그 후 20분 동안 질의응답 시
간을 갖도록 하겠습니다.

2W-FH: 연설형 프레젠테이션

연설형 프레젠테이션은 주로 CEO들이 다른 직원들에게 도움이 될 만한 내용을 전하고자 할 때 사용한다. 무엇보다 시간을 짧게 하는 것이 중요하다. 전달하고자 하는 메시지를 정한 후 그 메시지를 이야기를 통해 전달한다. 그리고 그 이야기의 주인공은 연설자나 프레젠터면 좋다. 대부분 젊은 시절부터 고생해 온 내용 중에 전달하고자 하는 메시지와 일치하는 내용을 택하면 좋다. 논리보다는 감성적으로 신뢰를 얻을 수 있다.

연설형 프레젠테이션 Story Line

구분	주제	슬라이드(예시)		시간분배
Intro	자기소개	안녕하세요(미사여구) ○○○입니다.	연결어	Openning 6분(20%)
		저는 (하는 일, 전문성 등)하고 (또는 맡고) 있습니다.	연결어	
Why	관심집중	여러분 혹시 (주제와 연관된 이슈)에 대해 알고 계세요?	연결어	본문 21분 (70%)
What	이야기 소개	오늘 제가 말씀드릴 이야기는 ○○○인데요(주인공이 겪은 사건이나 처했던 일)	연결어	이야기 소개: 5분
Fact	이야기 입증 (근거)	이야기를 입증할 만한 근거, 사례 등 (주인공의 갈등 묘사, 어려웠던 일, 힘들게 겪은 일 등)	연결어	입증 (근거): 5분
	이야기 감정몰입	그 이야기 사례를 통해 얻게 된 결론 또는 현재 모습(플롯, 사건에 대한 시간적 전개&변화, 극복과정 등)	연결어	감정몰입: 5분
How	이야기 결론 (강조)	결론, 느낀점, 배우게 된 점, 삶의 변화 또는 앞으로의 비전 등 그리고 상대에게 전달하고 싶은 메시지	연결어	결론 (강조): 5분
Impact	끝맺음 말	(감성 메시지) 지금까지 제 이야기를 들어주셔서 감사합니다.		Closing 3분(10%)

〈Tip〉

안녕하세요. 포기하지 않는 삶을 가진 남자(CEO) ○○○입니다.
여러분 혹시 전 세계에서 우리나라의 자살률이 몇 %인지 알고 계세요? 우리나라가 OECD 국가 중 1위라고 합니다. 정말 놀랍죠?
네. 오늘 제가 아무것도 없는 황무지 같은 곳에서 다시 살아난 생생한 제 삶에 대한 이야기를 들려드리고자 합니다.

저는 (언제, 무엇을) 포기하고 싶었습니다. 그렇게 된 계기는 다음과 같습니다. 저는 처음 △△라는 회사를 운영하고 있었습니다. 처음 아무것도 없이 시작한 제 회사는……. (포기하게 된 동기, 갈등을 묘사, 회사의 큰 위기 등, 그리고 그 위기와 어려움을 극복한 여러 가지 생생한 사연들, 그래서 다시 일어설 수 있었다는 것과 그 안에서 배우고 느낀 점, 삶의 변화 등)

지금은 제 삶이 너무 행복하고 소중합니다. 그리고 제 회사를 사랑해 주시는 소중한 제 고객들 없이도 살 수 없습니다……. 앞으로 저는…… (이야기 결론 강조와 함께 청중에 대한 메시지 전달)
여러분도 끝까지 포기하지 마세요. 포기하지 않는 삶은 아름답습니다. 지금까지 제 이야기를 들어주셔서 감사합니다.

Logical Writing

Logical Writing은 프레젠터가 전달하고자 하는 메시지를 상대방이 알기 쉽도록 논리적으로 작성하여 설득하기 위함이다. Logical Writing을 위해 프레젠테이션을 누락이나 중복 없이 MECE_{Mutually Exclusive Collectively Exhaustive}구조로 작성한다.

프레젠테이션을 Story Line을 통해 작성했다면 알기 쉽게 구조화해서 전달해야 한다. 이를 위해 정보를 프레젠터가 먼저 이해해야 한다. 프레젠터가 이해하지 못한 상태에서는 아무리 좋은 내용도 효과적으로 청중에게 전달할 수 없으며 청중도 정보를 이해하고 기억할 수 없기 때문이다. 이를 위해 Logical Writing을 통해 논리적인 구조로 프레젠테이션을 작성했다면 이를 머릿속에 구조화해야 한다.

설득형 프레젠테이션

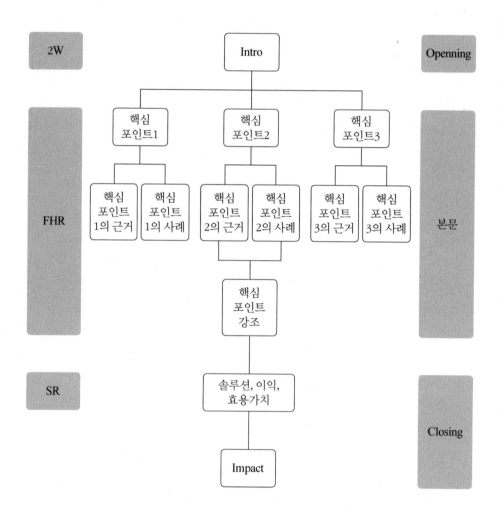

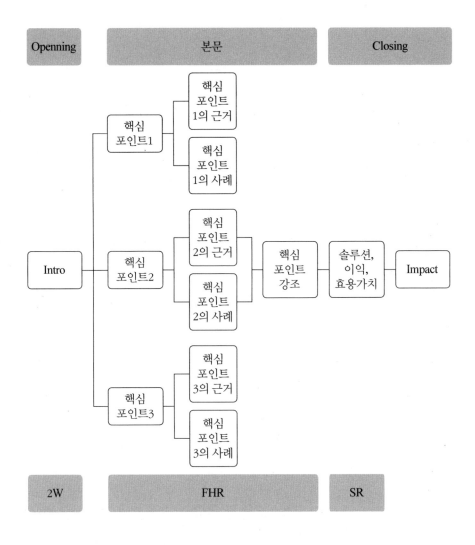

정보전달형 프레젠테이션

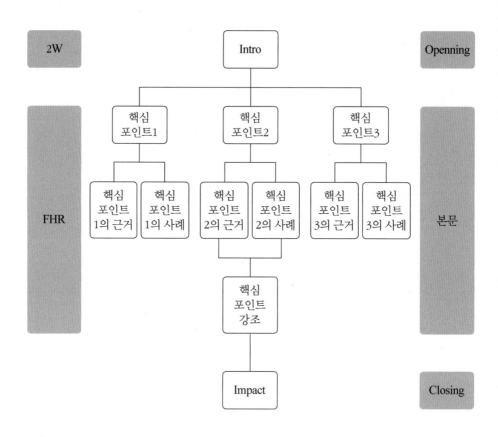

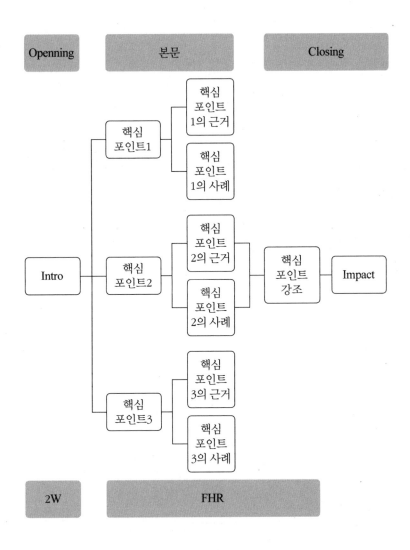

문제해결형 프레젠테이션

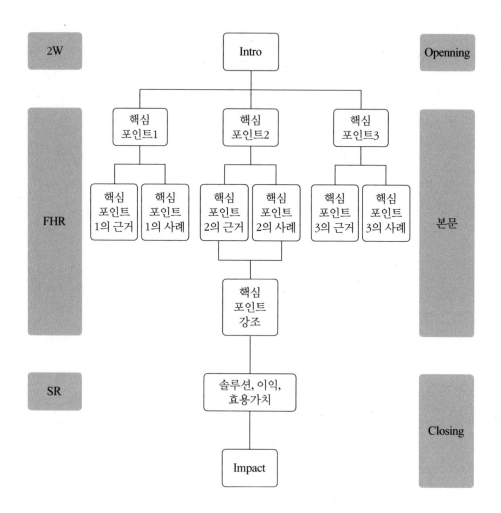

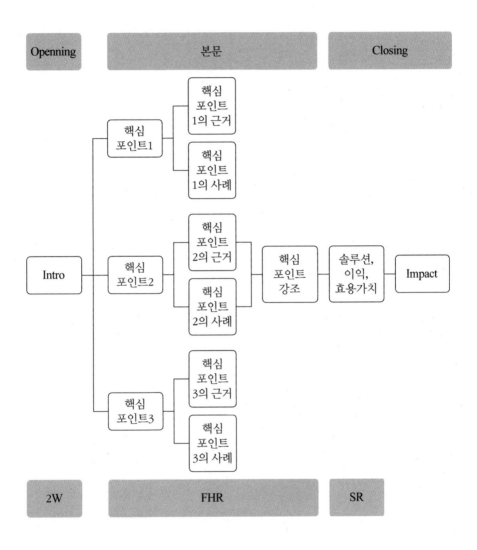

연설형 프레젠테이션

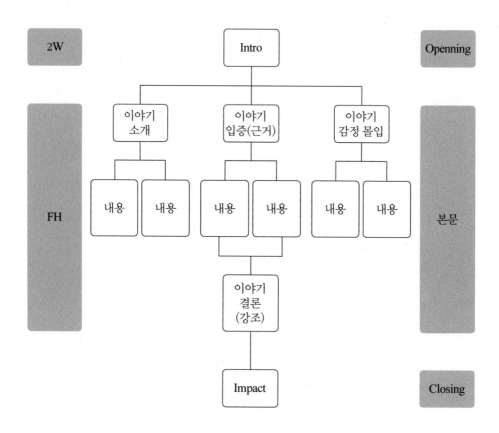

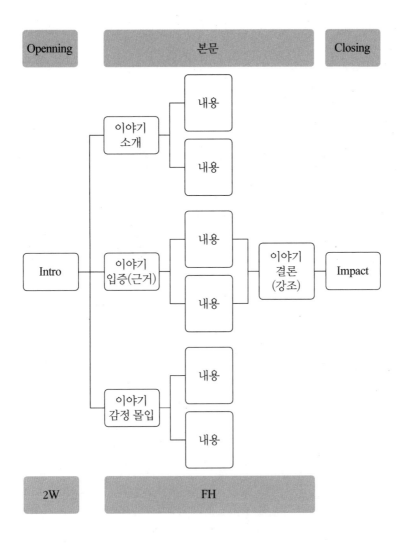

Chapter
05

상대의 마음을 얻어라

상대에게 집중하라

대화나 스피치를 할 때 가장 중요한 것은 상대이다. 프레젠테이션에서도 가장 중요한 것은 '청중'이다. 바로 프레젠터의 눈앞에 보이는 청중인 것이다. 많은 발표자들은 착각을 하곤 한다. 즉 발표는 자신이 한다고, 자신이 주인공이라고 하지만 이것은 말 그대로 착각이다. 이러한 착각은 '내가 어떻게 발표할까?', '사람들이 날 어떻게 생각할까?'에 대해서만 고민하고 집중하게 만든다.

그러나 반대로 설득력 있는 발표자는 청중에 대해 생각한다. '청중들은 어떤 사람들일까?', '청중들의 특징은 뭘까?', '그들은 무엇을 원할까?' 이런 고민을 먼저 하고 그들에게 초점을 맞춰 준비하고 발표를 한다면 보다 집중도를 높이는 발표가 될 것이다.

사람들은 그들에게 질문해 주고 칭찬해 주며 관심을 가져 주는 사람을 더 좋아한다. 그렇기에 가장 중요한 것이 '상대에게 집중해라.'이다.

'들을 문聞, 들을 청聽'

들을 문聞, 안 들어도 괜찮은 진리가 아닌 말들은 이 문자를 쓴다. 그러나 그보다 '깊이 사람의 마음을 듣는다.'로 쓸 때는 들을 청聽을 쓴다. 경청이라고 쓰지 경문이라고 쓰지 않는다. 겉을 보느냐 속을 보느냐에 따라 뜻이 다르다. 상대를 집중시키는 방법은 간단하다. 내가 상대방에게 집중하는 것이다. 특히 상대방이 현재 원하는 것이 무엇인지 생각해 보고 상대에게 집중하는 세 가지 방법을 소개한다.

첫 번째, 주의 깊게 듣는 것이다. 특히 상대와 이야기하다 보면 다 이해하고 있다는 생각에 말을 끊고 자기가 하고 싶은 말을 시작하기 쉽다. 이것은 실수다. 상대의 말을 존중하며 말을 끊지 말고 끝까지 들어줘야 한다. 그러면 상대가 자신에게 집중한다는 것을 느낄 것이다. 그리고 상대의 말에서 상대가 원하는 것을 파악할 수 있고 상대의 마음을 얻기 위해서는 상대가 원하는 것에 집중하면 된다.

두 번째, 상대의 말을 큰 그림 속에서 파악하는 것이다. 한마디 한마디에 신경 쓰면 정작 상대의 진짜 의도가 보이지 않는다. 나 자신을 생각해보고 적용해봐야 한다. 내 의도를 100% 정확하게 전달한 적이 있었던가? 마음에도 없는 소리를 한 경우가 많았을 것이다. 상대도 마찬가지다. 상대의 말보다는 그 의도를 고민하고 내가 강조하고 반복하는 부분에 집중하면 좋다.

세 번째, 상대방의 얼굴을 주시하는 것이다. 많은 경우 귀로만 말을 듣는다. 정작 얼굴을 보지 않는다. 하지만 대부분의 소통은 비언어적으로 전달된다. 얼굴을 보지 않으면 상대가 정말 하고 싶은 말을 듣지 못할 수 있다. 상대의 얼굴을 보면, 특히 시선과 입을 잘 보면 상대의 감정 상태를 파악하는 데 도움이 된다.

상대가 무엇을 원하는지 파악하라

청중은 프레젠터로부터 여러 가지 이야기를 듣게 된다. 그러나 이 야기를 듣고 나면 도대체 무엇을 들었는지 기억나지 않는다. 청중이 프레젠테이션 내용을 기억하지 못하는 이유를 두 가지로 볼 수 있다. 첫째, 결론이나 요점이 명확하지 않기 때문이다. '그래서 말하고자 하 는 게 뭐지?'라는 의문이 남기 때문이다. 둘째, 청중에 대한 이익이 명 확하지 않은 경우이다. '그래서 그게 나와 무슨 상관이지?'라는 생각 을 하게 되면 프레젠테이션에서 들었던 내용들이 빠르게 기억에서 사 라지게 된다. 이러한 경우를 피하기 위해서는 프레젠테이션을 준비 할 때 유의해야 할 사항들이 있다.

상대가 누구인지 파악해라

냉장고 한 대를 팔 때도 상대방이 독신인지, 4인 가족인지, 젊은 여 자인지를 먼저 알아야 한다. 사전에 청중의 문화적인 배경이나 전문

분야, 직종 등 전반적인 성향을 분석하는 것은 대단히 중요하다. 청중이 어떤 사람들인지 알아야 거기에 맞춰 프레젠테이션 수준과 방향을 결정할 수 있기 때문이다.

상대가 원하는 것을 파악하라

상대의 마음을 사로잡을 수 있는 주장을 찾아야 한다. 그러기 위해서는 상대를 파악해야 한다. 예를 들어 당신이 공연장을 운영한다고 하자. 그런데 공연 입장료를 올리려고 한다. 이를 추진하기 위해서는 관람객에게 납득할 만하게 주장을 해야 한다. 입장료를 올리면 그 돈으로 시설 개선에 투자할 수 있으며 유명한 뮤지션을 섭외할 수 있고 음향 시설 등 최고의 공연 시설을 만들어 공연의 질과 서비스를 높일 수 있다고 설득해야 한다. 하지만 반대로 투자자를 상대할 때도 그와 똑같은 주장을 해서는 안 된다. 이때는 입장료를 올리면 지금보다 수익을 얼마나 올릴 수 있는지 설득해야 한다.

핵심은 청중을 파악해야 한다는 것이다. 사회적 지위가 어떤지, 어떤 관심과 편견을 갖고 있는지, 성별이나 연령은 어떻게 되는지 등을 살펴야 한다. 그리고 상대가 무엇을 원하는지 파악해야 한다.

내가 상대방이라면 어떨까?

'내가 청중이라면 어떨까?' 이런 질문을 자주 던질 수 있다면 프레젠테이션을 이끌어 나가고 성장하는 데 크게 도움이 될 것이다. 아니 프레젠테이션뿐만 아니라 무슨 일이든 쉬운 해결책을 찾으며 원만한 인간관계도 가질 수 있을 것이다.

'지금 상대의 기분이 어떨까?', '상대가 무엇을 원할까?', '어떤 생각을 할까?', 그리고 '내가 상대방이라면 어떨까?'에 집중하고 고민한다면 조금 생각과 고민의 시간이 필요하긴 하지만 결론은 나쁘지 않다. 그럼 왜 이처럼 간단한 질문이 중요할까? 그것은 바로 공감 때문이다. 프레젠터와 청중, 상대와 나 모두가 다른 삶을 살아왔고 배움, 환경이 다 다르다. 다른 사고와 생각을 가지고 있기 때문에 상대방과의 공감을 형성하려면 쉽지가 않다. 공감이란 상대방을 먼저 이해하려는 배려가 없다면 힘들다.

적극적으로 이해해라

그렇다면 상대방을 어떻게 이해하고 배려를 할까? 우리는 보통 상대방의 기분과 상태 또는 입장을 이해하는 능력을 공감이라고 한다. 철학자 로먼 크르즈나릭은 공감을 상상력을 발휘해 다른 사람의 처지에 서보고, 다른 사람의 느낌과 시각을 이해하며 그렇게 이해한 내용을 활용하여 자신의 행동 지침으로 삼는 기술이라고 했다. 즉 프레젠테이션도 청중의 입장에서 생각하고 그들이 원하는 것을 고민하고 이해하며 그렇게 이해한 내용을 프레젠테이션에 적용함으로써 상대를 설득하는 기술이라고 할 수 있다.

프레젠터는 청중에 대한 공감 능력이 없으면 프레젠테이션을 할 수 없다. 그리고 발전과 성장도 없다. 당신이 상사의 입장에서 이해하는 능력이 없다면 뛰어난 실력을 갖추어도 회사에서 승진하는 것은 어려울 것이다. 상사가 원하는 것이 무엇인지를 고민하고 이해해서 그것을 가지고 설득하는 것이 필요하다. 무엇보다 상대방을 이해하고 배려하는 공감 능력을 키우기 위해서는 적극성이 필요하다.

공감 능력을 키워라

자, 이제 상대방을 이해하고 배려하기를 원한다면 그것이 가치 있는 일이라고 받아들여야 한다. 사람들은 무슨 일이든 나름의 의미와 중요성을 부여한다. 하지만 '그 일에는 가치가 없다.'라고 한다면 적극성은 떨어질 것이다. 반대로 '이게 정말 중요하구나.'라고 자신에게 확인시켜 주어 그 가치를 인정할 때 더 열심히 적극적으로 할 수 있다. 공감 능력을 가졌으면 이제 필요한 것에 어떻게 노력하는가가 중요하다. 공감 능력은 청중에 대한 이해와 문제 해결 능력을 높여 준다.

▶ 마그리트/The Great War(대전) /1964

요즘 시대는 글을 모르는 게 문맹이 아니다. 글을 읽어도 상대의 마음을 못 읽는 게 문맹이다. 상대의 입장에서 고민하고 이해하며 배려할 때 공감 능력은 커질 것이며 우리가 가지고 있는 문제가 해결될 것이다.

마그리트René François Ghislain Magritte/1898 -1967의 그림 속 남

자는 앞을 보면서도 앞을 보지 않고 있다. 앞을 보고 있어도 보이지 않으며 눈을 뜨고 있어도 보려고 하지 않는다. 그림 속 작품 제목 「The Great War」처럼 어쩌면 지금 청중 앞에서 떨고 있는 프레젠터의 프레젠테이션은 '큰 전쟁'같은 분위기일 것이다.

어쩌면 우리는 상대방의 마음을 읽지 못하는 문맹은 아니었는지, 자신만의 생각으로 상대를 설득하려고 했던 것은 아니었는지, 그리고 상대방의 마음을 이해하지 않으려고 하는 문맹은 아닌지, 우리의 앞을 가리고 있는 것이 과연 무엇인지 생각해 봐야 할 것이다.

직장에서는 자신감을, 상대방으로부터는 신뢰감을 얻어 상대를 쉽게 설득하여 좋은 인간관계를 형성하는 데 모두 성공할 수 있는 비결은 프레젠테이션에 있다. 의사소통에서 사용하는 도구로 많은 사람들이 언어를 생각하는데 실제 의사소통에서는 입으로 말하는 언어보다 얼굴 표정, 몸짓 등의 비언어적인 수단으로 하는 의사소통이 훨씬 더 상대방에게 신뢰감을 줄 수 있으며 효과적인 의사소통과 설득력을 가질 수 있다.

상대에게 잘 들리도록 전달하라

긴장을 풀어라

프레젠테이션 장소에 도착해서 회의실에 들어가기 전에 5분 정도 깊게 심호흡을 하면 좋다. 긴장한 근육이 풀어지고 마음이 가라앉아 목소리도 차분해진다.

핵심 단어를 잘 조합해라

프레젠테이션은 키워드를 잘 집어내야 한다. 가장 중요한 핵심은 파워포인트를 어떻게 만드느냐가 아니다. 중요한 것은 자신이 전하고자 하는 바를 분명하고 정확하게 알리고 상대방이 기억하기 쉽도록 전달하는 것이다. 즉 핵심 단어를 잘 조합하는 것이라고 생각하면 된다.

우리는 원고에서 핵심 단어를 포함한 서술어, 수식어 등도 다 외우려고 한다. 그러나 정말 토씨 하나 틀리지 않고 외우긴 어렵다. 만약 많은 시간과 노력을 투자해 전체 원고를 다 외웠다고 치자. 실제 발표

현장에선 평소 연습의 70%만 발휘한다고 보면 된다. 그러면 내가 외운 내용을 잊어버릴 수도 있다. 만약 중간에 내용을 잊어버리면 나머지 내용들이 생각이 안 난다. 통로를 막아버린 것이나 다름없다. 그 통로를 기억해내서 지나가지 않고서는 다음 내용이 기억나지 않는다. 즉 실패하거나 실수할 확률이 높다는 것이다.

그래서 효과적인 방법은 핵심 단어를 조합하여 스크립트를 작성하는 것이다. 그리고 핵심 단어에 필요한 서술어, 수식어 등은 사전에 연습을 통해 미리 준비해 둔다. 물론 서술어나 수식어의 표현이 조금씩 틀릴 수 있다. 예를 들어 이번 제안의 주제가 '스마트 워킹 시스템입니다.'일 경우, 여기서 '스마트 워킹 시스템'이 핵심 단어이다. 그리고 '이번 제안은', '소개해 드릴 내용은'이라는 수식을 해 주는 표현들은 그리 중요한 부분이 아니라는 것이다.

"제가 말씀드릴 주제는 '스마트 워킹 시스템'입니다."

"이번 제안은 '스마트 워킹 시스템'입니다."

"제가 소개해 드릴 내용은 '스마트 워킹 시스템'이라고 말씀드릴 수 있습니다."

이렇게 여러 가지의 수식어 표현이 있다. 정확한 표현에 정답은 없다는 뜻이다. 하지만 여기서 중요한 것은 스마트 워킹 시스템이라는 핵심 단어는 누락 없이 정확히 표현해야 한다는 것이다. 다시 한번 말하자면 프레젠테이션은 핵심 단어의 조합이다. 수식어 표현까지 모두 외울 필요가 없다. 핵심 단어만 기억하고 수식어 표현들은 현장 상황에 맞게 표현해 주면 된다.

적절한 연결어를 사용해라

두 번째로 중요한 것은 연결어이다. 초보 프레젠터는 슬라이드와 슬라이드 사이의 내용 연결이 무척이나 딱딱하고 부자연스럽다. 또한 그다음 슬라이드가 생각나지 않을 경우 시간을 벌기도 어렵다. 먼저 연결어를 말하면서 시간을 벌어 다음 슬라이드의 내용을 전개해 가는 것도 좋은 방법이다. 적절한 연결어들을 미리 연습해서 슬라이드와 슬라이드 사이에 적절하게 사용해줌으로써 내용의 흐름과 전개를 자연스럽게 이어나갈 수 있다.

연결어: 그래서, 그리고, 왜냐하면, 다음 장에서 말씀드릴 내용은 등

정보의 그룹화

어려운 구성에 대해 고민하고 좀 더 쉽게 표현하고 보여 주는 방법을 택해야 한다. 우선 정보를 그룹핑한다. 그룹핑이란 정보를 '정리한다.'는 의미이다. 이는 게슈탈트 심리학에서 유사성의 원리, 근접성의 원리를 보면 조금 더 이해하기가 쉽다. 사람들은 형태, 색상, 크기 등이 유사하거나 가까이에 있는 것들을 서로 연관 지어 하나로 보는 경향이 있다, 이를 이론적으로 유사성Similarity, 근접성Nearness의 원리라고 한다. 그룹핑하는 이유는 청중이 이해하기 쉽게 하기 위해서이다.

예를 들어 당근, 바나나, 양파, 사이다, 우유, 콜라, 토마토, 사과, 감자를 설명해 보고 기억하라고 하면 쉽게 외우지 못할 것이다. 하지만

채소: 당근, 양파, 감자

음료: 사이다, 우유, 콜라

과일: 바나나, 토마토, 사과

이렇게 유사하고 근접한 정보끼리 그룹핑을 하면 전달하는 이도 훨씬 쉽게 이해할 수 있고 상대에게도 효과적으로 전달할 수 있다. 이는 우리가 폴더를 보기 쉽고 찾기 쉽게 정리하는 것과 같은 원리이며 포털 사이트에서 키워드 검색을 통해 유사한 키워드를 묶어서 정보를 알려 주는 방식과 비슷하다고 할 수 있다.

주어와 서술어의 호응

주어와 서술어를 가깝게 하면 훨씬 의미가 명확하고 잘 전달된다.

'앞에서 말했듯이 오늘날 IOT는 지속적으로 발달하여 웨어러블 기기들의 발달을 가져왔으며 이를 위해~첫째 웨어러블 기기들의 발달을 가져왔으며 둘째 무선 통신 사업도 함께 발전하고 있기 때문이다.'

마음으로 말하라

똑똑해 보이고 말 잘하는 프레젠터가 아닌 호감 가는 프레젠터가 되라. 모든 프레젠터들은 똑똑해 보이고 유창하고 논리적으로 말하려고 한다. 하지만 정작 중요한 것은 프레젠터가 호감 있게 보이는 것이다. 조금 서툴러도 열정과 자신감을 갖고 있으며 청중에 대한 예의를 지키는 프레젠터가 청중에게 더 호감을 받으며 이 호감은 신뢰감을 주고 이 신뢰감은 청중의 의사 결정에 중요한 영향을 미친다.

대부분의 프레젠터들은 자신이 얼마나 똑똑한지 보여주기 위해 머리로 프레젠테이션을 한다. 하지만 마음으로 호소하고 감정적인 부분들과 열정을 보여주어야 한다. 왜냐하면 중요한 것은 가장 똑똑한 사람이 되는 것이 아니라 청중과 소통하는 것이기 때문이다.

상대방이 "yes"라고 말할 수밖에 없도록 메시지의 틀을 구성할 필요가 있다. 예를 들면 당신이 장마철에 우산을 팔고 있다고 생각해 보

자. 한 사람에게 우산을 사게 하려면 가장 먼저 무슨 말을 건네면 좋을까? "오늘 비가 온다고 하는데 우산 하나 준비하시죠!", "5,000원밖에 안합니다!"라고 말을 건네기보다는 "시도 때도 없이 내리는 장맛비 때문에 짜증나시죠?"라고 물어보라. 이렇게 물으면 아마 상대는 마음속으로는 "정말 짜증나요."라고 답할 것이다. 그다음에 "비를 맞아서 축축하게 젖는 옷으로 돌아다니려면 얼마나 불쾌하시겠어요?"라고 말을 건네는 것이다. 아마 상대는 당신의 그 말에도 동의를 할 것이다. 그런 후에 "오늘 비가 많이 온다고 하는데 우산 하나 준비하시죠?"라고 당신이 정말 하고 싶었던 말을 건네면 다짜고짜 "우산 사세요!"라고 말하는 것보다 훨씬 더 상대를 설득하기 쉬울 것이다.

· 제05절 ·

당당해야 겸손할 수 있다

당당함보다 어려운 것이 겸손이다. 왜 그럴까? 겸손해지려면 먼저 실력이 있어야 하기 때문이다. 논리도 갖추어야 하고, 내용에 대해서도 정통해야 하고, 프레젠테이션 능력도 탁월해야 비굴하지 않고 진정으로 겸손해질 수 있다. 노력하지 않으면 약해질 수밖에 없고 자신의 약함을 감추려고 할 것이다. 겸손이란 강한 자만의 특권이다. 강한 사람은 겸손해질 수도 있고, 거만해질 수도 있다. 강한 사람이 자신을 낮추는 것은 겸손이고 자신을 높이는 것은 자만이다. 약한 사람은 겸손해질 수 없다. 자신을 낮출 수 없기 때문이다. 약한 사람이 자신을 낮추는 것은 비굴이고 자신을 높이는 것은 허풍이다.

최고는 언제나 최선을 다하면서도 부족함과 아쉬움을 느낀다. 뭔가 부족하고 아쉽다는 느낌은 다음번에 더 잘해야겠다는 아쉬움과 더 잘할 수 있다는 자신감의 다른 표현이다. 진정한 최고는 겸손하다. 겸손은 실력 있는 사람만이 보여줄 수 있는 미덕이다. 실력 없는 사람이 겸손하면 비굴해 보인다. 겸손은 최고만이 보여줄 수 있는 최고의 자세와 태도다. 최고는 언제나 초보자의 마음, 겸손한 마음으로 살아간다. 자신이 최고라고 인정하고 안주하는 순간이 퇴보하기 시작하는 순간임을 잘 안다.

어느 세상에나 인간 본연의 진실이 있고 진실은 마침내 통하게 마련이다. 꼭 만족할 만한 성과를 얻기 위해 도전하는 것은 아니다. 최선을 다한다면 얻을 수도 있고 얻지 못할 수도 있다. 하지만 도전은 반드시 자신의 세계를 넓히게 마련이다. 그것이 더 중요한 것이다.

준비를 많이 한 자가 승리한다

로마의 위대한 스피커 마르쿠스 툴리우스 키케로는 대중 앞에서 스피치를 할 때 철저히 준비한 인물로 유명하다. 그는 대중 앞에 서기 전 두려움을 이렇게 표현했다. "나는 말을 시작할 때면 아주 초조해진다. 연설할 때마다 내 능력뿐 아니라 성격과 명예까지 의식하지 않을 수 없다. 내가 할 수 있는 것 이상을 약속해서 완전히 무책임하게 내비치거나, 내가 할 수 있는 것 이하를 약속해서 불성실하고 무관심하게 보일까 봐 두렵다."

프레젠테이션에 대한 불안감이 없다면 무엇을 어떻게 준비해야 하는지 알 수 없게 된다. 준비가 부족한 프레젠테이션은 설득력이 약해질 수밖에 없다. 특히 직접 작성하지 않은 프레젠테이션 자료로 프레젠테이션을 할 경우 설명하고자 하는 내용의 이해가 부족하게 된다. 잘 모르는 것에 대해 이야기해야 하는 부담감은 전체 프레젠테이션을 위축시키고 프레젠터의 열정과 자신감을 상실하게 만든다. 프레젠테이션 현장에서는 항상 돌발 상황이 발생한다. 프레젠터가 통제할 수 없는 많은 상황이 발생할 때 사전 준비가 부족하면 제대로 대응할 수 없고 우왕좌왕하게 된다. 발표 자료, 원고, 리허설, 질의응답 역할 분담 등 사전 준비가 부족한 상태에서 진행하는 프레젠테이션은 반드시 실패한다.

가끔 사람들이 내게 묻는다. "프레젠테이션 발표 당일 무엇부터 해야 하나요?" 그러면 나는 이렇게 대답한다. "화장실 먼저 가세요."라고 말이다. 이유는 두 가지이다.

첫째는 생리적인 현상을 해결하라는 것이다. 대개 초보일수록 중요한 발표 당일 아침부터 불유쾌한 신체적 반응들이 나타날 것이다. 왠지 신호는 오는데 막상 화장실에 가면 해결이 되는 것은 아니지만 그래도 발표 전에는 꼭 화장실을 들러야 한다. 볼일을 보지 않더라도 화장실에 가서 내가 볼일이 없다는 것을 확인하는 것이 중요하다. 시작하고 난 후 볼일이 엄습해 당황하는 것보단 낫기 때문이다.

두 번째는 매무새를 가다듬는 것이 중요하기 때문이다. 나는 지금도 습관적으로 프레젠테이션 발표뿐만 아니라 비즈니스 미팅 때도 화장실을 간다. 매무새도 보고 넥타이는 삐뚤어지지 않았는지, 정장에 묻은 것은 없는지, 입 주변이나 이에 이물질이 묻거나 끼지는 않았는지, 머리는 엉클어지지 않았는지, 상의가 삐져나오진 않았는지를 꼼꼼히 살피고 마지막에 내 자신에게 응원의 메시지를 뜻하는 표정을 짓고 나온다. 그러면 한결 자신감이 생긴다. 그러기 위해서는 약속 시간보다 미리 현장에 도착해서 불유쾌한 증상들을 해소하고 매무새를 다듬는 여유를 갖도록 하는 것이 훨씬 유리하다.

프레젠테이션 효과적으로 시작하기

프레젠테이션을 시작할 때에는 서론에서 프레젠테이션의 목적과 주제, 배경, 결론을 설명하여 청중의 집중과 흥미를 유도한 뒤 본론의 내용과 순서를 사전에 간략하게 소개한다.

프레젠테이션 강렬하게 마무리하기

결론 단계는 발표자가 프레젠테이션의 목적을 이룰 수 있는 마지막 기회이다. 청중이 결단을 내리고 행동할 수 있도록 요약하고 반복하고 강조한다. 경우에 따라 본론에서 사용했던 시각자료를 다시 한 번 보여 주는 것도 유용하다. 프레젠테이션 결론에서 반드시 지켜야 할 조건은 바로 일관성이다. 본론에서 실수로 내용을 잘못 설명했다고 해서 프레젠테이션을 마무리하는 결론 단계에서 이것에 대해 부연 설명을 하거나 정정해서는 안 된다. 새로운 아이디어나 본론 내용과 반대되는 사실을 언급하는 오류를 범함으로써 청중에게 혼란을 주지 않도록 한다. 준비한 결론만 확실하게 말한다.

프레젠테이션 하기 좋은 시간대

프레젠테이션은 오전에 하는 것이 좋다. 만일 일정상 오후에 해야 한다면 점심식사 후 바로 시작하지 말고 조금 지난 시간인 오후 2~3

시 정도가 좋다.

발표 시간 맞추기(예정보다 일찍 끝나거나 지연될 때)

자신에게 배정된 프레젠테이션 시간을 준수하는 것은 매우 중요하다. 뒤이어 다음 발표자의 프레젠테이션이 예정되어 있거나 청중이 다른 일정이 있을 수 있기 때문이다. 그러나 프레젠테이션 진행 중 예상치 못한 질문이나 상황으로 시간이 지연될 수 있는데 이런 경우를 대비해서 발표 자료를 검토할 때 설명을 줄이거나 생략해도 큰 문제가 없는 부분을 미리 확인해 두는 것이 중요하다. 반대로 일찍 끝날 경우에 대비해 유머나 발표 내용과 관련된 재미있는 이야기를 몇 가지 준비해 두었다가 시간을 조절할 때 활용하는 것도 좋다. 무엇보다 늦게 끝나는 것보다 차라리 일찍 끝나는 것이 좋다.

효과적인 스크립트 작성하기

초보 프레젠터가 처음 프레젠테이션을 하게 될 경우 "잘 읽어드리겠다."라며 친절하게 처음 슬라이드부터 끝까지 보이는 대로 청중을 대신해서 읽어준다. 이때의 프레젠터는 항상 스크린이나 손에 들고 있는 원고를 바라보며 일정한 목소리 톤으로 읽어주게 된다. 청중은 처음 한두 장의 슬라이드에 대해서는 그럴 수도 있다는 생각으로 참고 들어주지만, 세 번째 슬라이드에서도 동일하게 읽어준다고 판단되면 그 순간 귀와 마음을 닫게 된다. 무시당한 청중은 집중을 하지 않게 되며 딴생각에 빠지게 된다. 지루한 프레젠테이션으로 인해 시간이 흐를수록 청중은 고통스러워하다가 급기야 프레젠터에 대한 적개심을 가지게 된다.

실제로 프레젠테이션을 어렵다고 말하는 것 중에 하나가 발표할 원고의 내용을 모두 작성하고 외워서 발표할 때이다. 이 방법은 많은 시간과 노력 그리고 세밀한 준비가 필요하다. 그러나 한번 맥이 끊겼을 경우 유연성 있게 대처하기가 힘들다. 무엇보다 발표자 본인이 내용을 이해하기가 어렵다. 생각해 보라. 프레젠터가 다 이해하지 못한 내용을 청중들에게 설득시킬 수 있겠는가? 프레젠터가 내용을 다 이해하고 넘어가야만 청중에게 이해시킬 수가 있다. 그러나 대개 발표 내용을 이해하기보다 외우고 암기하려고만 한다. 문제는 여기서 시작된다. 특히 발표에 익숙하지 않은 사람이 했을 경우에 실수할 확률이 더 높다.

핵심 나열 스크립트는 핵심 메시지로만 구성되어 있어서 서술식 시나리오와는 다르게 수식어가 포함되어 있지 않다. 예를 들어 핵심 메시지를 소개할 때 핵심 나열 스크립트는 '핵심 메시지 소개'로 표현하지만 서술식 시나리오는 '오늘 핵심 메시지를 소개해드리도록 하겠습니다.'로 시작된다. 그렇기 때문에 '오늘 소개해 드리도록 하겠습니다.'는 프레젠터가 굳이 외울 필요가 없이 상황에 맞게 말하면 된다. 중요한 것은 수식어가 아닌 핵심 키워드이다. 핵심 키워드 중심으로 상황에 맞게 앞뒤 말을 하면 된다.

서술형 원고식	핵심나열 스크립트식
오늘 소개해드릴 내용은 스마트 워킹 시스템입니다. 스마트 워킹 시스템은 정보통신기술(ICT)을 이용해 고정된 사무실에서 벗어나 언제 어디서나 편리하게 업무를 수행하는 것을 뜻합니다. 특히 유연한 근무환경으로 직원들의 창의적 사고를 돕고, 업무과정에서 발생하는 비생산적 요소를 줄이는 장점이 있습니다. 또한 스마트 워킹은 일하는 방식뿐만 아니라 문화와 제도 전반을 변화시켜 기업의 가치를 높일 수 있습니다.	**스마트 워킹 시스템의 특징** ◦ 정보통신기술(ICT)을 이용 ◦ 언제 어디서나 편리하게 업무를 수행 **스마트 워킹 시스템의 효과** ◦ 업무과정에 발생한 비생산적 요소 감소 ◦ 일의 방식과 문화를 변화시켜 기업의 가치를 제고

발표 원고의 내용을 완벽히 외우기란 쉽지 않다. 설령 다 외운다 하더라도 발표 현장에서 긴장했을 때 암기한 내용을 잊어버리는 경우가 종종 있다. 이럴 때는 그 뒤에 내용도 모두 잊어버리게 되어 실패나 실수할 우려가 있다.

〈서술형 원고식〉

오늘 소개해드릴 내용은 스마트 워킹 시스템입니다. 스마트 워킹 시스템은 정보통신기술ICT을 이용해 고정된 사무실에서 벗어나 언제 어디서나 편리하게 업무를 수행하는 것을 뜻합니다. 특히 유연한 근무 환경으로 직원들의 창의적 사고를 돕고 업무 과정에서 발생하는 비생산적 요소를 줄이는 장점이 있습니다. 또한 스마트 워킹은 일하는 방식뿐만 아니라 문화와 제도 전반을 변화시켜 기업의 가치를 높일 수 있습니다.

서술어는 핵심 단어가 나타내는 의미를 완성시키기 위해서 필요로 하는 다른 언어 요소를 말한다. 예를 들어 '스마트 워킹'이라는 핵심 단어가 완전히 명시적으로 표현되기 위해서는 그 내용을 가리키는 언어 표현이 필요하므로 이들 언어 표현은 자신이 필요로 하는 내용들을 하나하나 취함으로써 문장이 이루어진다.

〈핵심 나열 스크립트식〉
스마트 워킹 시스템의 특징
ㅇ 정보 통신 기술ICT을 이용
ㅇ 언제 어디서나 편리하게 업무를 수행

스마트 워킹 시스템의 효과
ㅇ 업무 과정에 발생한 비생산적 요소 감소
ㅇ 일의 방식과 문화를 변화시켜 기업의 가치를 제고

핵심 나열 스크립트는 슬라이드 간 인과관계를 자연스럽게 연결해 줄 연결어 사용이 필요하다. 연결어로는 '그리고, 또는, 그래서, 그러나, 따라서, 또는, 다음 슬라이드 내용을 한마디로 설명드리면' 등 적절한 연결어를 계획하고 사용하면 자연스럽고 효과적으로 내용을 전달할 수 있다. 다만 동일한 연결어를 지나치게 반복해서 사용하지 않도록 한다.

효과적으로 말하기

효과적인 말하기란 스크립트 작성을 통해 핵심 포인트를 나열하고 정보를 알기 쉽게 구조화해서 전달해야 한다. 정보를 구조화하면 발표자 역시 효과적으로 정보를 이해하여 기억할 수 있으며 청중도 훨씬 쉽게 정보를 이해하고 기억할 수 있기 때문이다

당신이 중앙 메르스 관리대책본부 위원이라고 가정해 보자. 마가렛 찬 WHO 사무총장이 갑작스레 방문하여 메르스 종합관리대책에 대해 짧게 보고해야 하는 상황이다. 다음의 정보를 어떤 식으로 전달해야 하겠는가?

1. 확진자에 대한 지원 활동을 하고 있습니다.
2. 양성 확진자는 삼성서울병원에서 시작되어 유행이 진행되었습니다.
3. 각종 식료품과 식수를 제공하고 있습니다.

4. 평택성모병원의 의료진인 환자는 곧 퇴원할 예정입니다.

5. 메르스 추가 확산 방지 종합 대책 추진은 순조롭습니다.

6. 확진자를 격리 및 치료하고 있습니다.

7. 확진자는 자택 격리 후 치료를 받고 있습니다.

8. 현장 역학조사 활동으로 확진자를 찾고 있습니다.

9. 메르스 격리자 긴급 생계비를 지원하고 있습니다.

10. 확진자의 버스, 지하철 이동으로 인한 전파 가능성을 확인하였
   습니다.

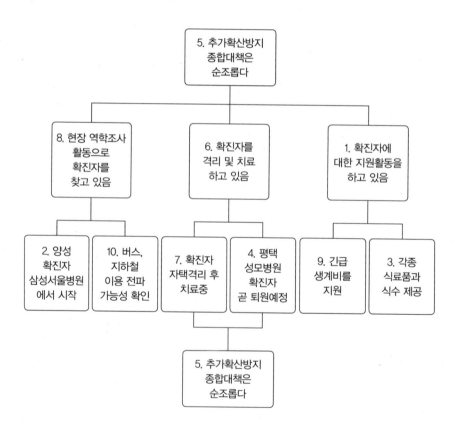

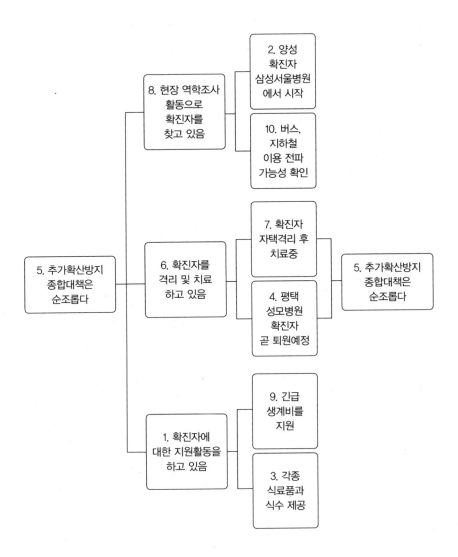

패션도 프레젠테이션 전략이다

공자는『논어』에서 "바탕이 겉모습을 넘어서면 촌스럽고, 겉모습이 바탕을 넘어서면 형식적이게 된다. 겉모습과 바탕이 잘 어울린 후에야 군자다운 것이다"라고 하였다. 프레젠테이션도 내면의 자신감만큼 외면의 아름다움도 보여 줘야 한다. 자신감이 넘쳐도 촌스러움은 봐줄 수 없기 때문이다.

실제로 프레젠테이션 내용 자체에 집중하는 청중들은 그리 많지 않다. 청중은 프레젠터를 바라보고 지금 하고 있는 프레젠터의 표정이며, 옷맵시며, 그의 습관을 주시한다. 초보자보다는 강하고, 노련한 전문가에게 약한 것이 청중의 심리이다. 설령 초보 프레젠터라 할지라도 전문가처럼 보여야 한다. 그러나 사실 그게 어렵다. 하지만 여유 있게 행동하고 당황하지 않는 의연함이 있다면 전문가로 보일 수 있다. 그리고 혹시 실수를 했더라도 재치 있는 임기응변으로 긴장하고 당황하는 모습을 감춰야 한다. 그리고 "죄송하다."는 말은 절대 하지 마

라. 청중은 실수하지 않는 프로다운 프레젠터를 원한다.

프레젠테이션에서는 프레젠터도 하나의 상품이다. 청중은 프레젠터를 개인으로서 평가하거나 인식하는 것이 아니라 구매하고자 하는 상품과 서비스를 판매하는 상품 또는 의사 결정을 위한 대표로 판단하는 것이다. 프레젠터의 표정과 외모는 제안자의 상품이며 제안하고자 하는 프로젝트의 샘플이 된다. 따라서 명품이 될 수 있고 싸구려로 전락할 수도 있다. 프레젠터뿐만 아니라 같이 참석한 참석자도 동일한 입장이 된다.

복장은 스마트한 이미지로 연출하는 것이 중요하다. 남성은 짙은 남색이나 검은색 정장을 착용하고 흰색이나 푸른색 계열의 셔츠와 붉은색 계열의 선명한 컬러 넥타이로 포인트를 준다. 선명한 넥타이는 청중의 시선을 고정시키고 프레젠터의 움직임에 더욱 주목하도록 만드는 효과가 있다. 셔츠 맨 위의 단추를 채우는 것도 잊지 말아야 한다. 여성의 경우 짙은 색 정장에 흰색 또는 푸른색 계열의 블라우스를 입는 것이 좋다. 브로치 등 시선을 얼굴 쪽으로 끌 수 있는 액세서리도 필요하다.

프레젠터뿐만 아니라 참석자는 모두 통일된 색상과 스타일을 유지하는 것이 좋다. 사소한 부분이지만 주머니에 동전, 휴대전화 등 소리가 날 수 있는 물건은 모조리 빼두어야 한다. 프레젠터가 움직일 때마다 소리가 나게 되면 주의가 산만해지기 때문이며 주머니가 볼록 나와 보여도 보기가 좋지 않다. 프레젠테이션 기회를 잘 활용하면 확실

한 점수를 딸 수 있다. 우선 정장은 유행을 타지 않는 편안하고 단정

해 보이는 것이 좋다. 약간은 무게감이 있어 보일 수 있기 때문이다.

· 제10절 ·

면접 프레젠테이션

　면접 프레젠테이션을 할 때는 무엇보다 지원한 회사에 대한 관심을 갖고 관련 정보를 익혀서 간다면 임원들에게 긍정적인 평가와 좋은 이미지를 심어줄 수 있다. 또한 질문에 매끄럽게 대답한다면 준비된 인재라는 느낌을 준다. 회사나 일에 대하여 질문할 때 "입사 전이라 잘 모르겠습니다."라는 답변은 솔직한 마음을 나타내 줄지는 모르지만 인상적인 답변은 아니다. 회사의 홈페이지는 물론 회사와 관련된 신문 기사를 꼼꼼히 챙겨 보는 것은 면접을 준비하는 기본자세이다.

　더욱이 지원 회사뿐만 아니라 경쟁사와 시장 동향까지 파악하고 있다면 오히려 지원 회사에 아이디어나 전략도 제안할 수 있어 더 좋은 평가를 받을 수 있다. 모든 면접자들은 면접에서 질문에 대한 정답을 찾아 말하려고 한다. 그러나 면접에서는 전문적인 지식보다 응용능력과 사고력에 대한 질문을 많이 한다. 즉 정답은 없다는 것이다. 무엇보다 지원자의 가치관과 사고가 중요하다. 사물과 현상을 어떻게 바라보고 해결책을 찾아 나가는지에 대한 통찰력과 사고력 그리고 신속한 대응 능력을 갖고 있는 것이 전문적인 지식과 이론을 가지고 있어 정답을 말하는 지원자보다 훨씬 더 답변할 수 있는 내용이 더 많을 것이며 더 좋은 평가를 받게 될 것이다.

다음으로 면접에서 중요한 것은 예의 바른 자세와 태도이다. 최대한 예의를 갖추되 당당하고 적극적인 모습을 보이는 것이다. 지나친 겸손은 오히려 자신감이 없이 보인다. 내성적이고 소심한 사람은 위축되어 쉽게 움츠러드는 경향이 있는데 면접관 입장에서는 소신 없고 자신감 없게 받아들일 수 있다. 약간 긴장 상태를 유지하되 예의 바른 태도와 자세로 답변을 자신감 있고 여유롭게 해야 한다. 또한 면접관이 질문하면 무슨 답변을 원하는지를 판단하여 먼저 결론부터 말하는 것이 좋다. 그리고 부연 설명은 그다음에 구체적으로 해야 한다. 면접자가 조리 있게 말하게 되면 질문 내용을 잘 이해했다는 인상을 주며 면접관에게 효과적으로 전달하여 더 좋은 평가를 얻을 수 있다. 오히려 정리되지 않은 산만한 답변을 늘어놓게 되면 면접관들은 대부분 "그래서 결론이 뭐죠?" 또는 "네. 그만하세요."라고 말하며 답변을 중간에 자를 수 있다.

프레젠테이션은 면접자의 모든 능력을 한 번에 보여줄 수 있는 기회이다. 우선 평소 프레젠테이션 경험을 볼 수 있다. 또한 프레젠터가 가지고 있는 전략과 해결책에 대해 좀 더 체계적으로 발표할 수 있다. 우선 프레젠테이션은 내용을 잘 이해해야 하며 이를 효과적으로 정리하여 설득력 있게 전달하는 것이 중요하다. 또한 질의응답은 지원자의 의도와 사고를 다시 확인해 볼 수 있다. 무엇보다 지원자의 열정과 자신감을 볼 수 있는 중요한 평가 요소라고 볼 수 있다. 프레젠테이션은 보통 10분의 시간이 주어진다.

Chapter

06

상대의 마음을
흔들어라

청중과의 소통은
프레젠테이션 전부터 시작하라

프레젠테이션에 대해서 확실한 것 한 가지는 바로 청중과 소통할 수 있는 기술이 중요하다는 것이다. 이 기술만 사용하면 어떻게 준비하고 발표해야 하는지를 좀 더 효과적으로 할 수 있다.

'어떻게 하면 프레젠테이션을 잘할 수 있을까?', '어떤 프레젠테이션이 성공한 프레젠테이션일까?'

이 질문에 대해 모두가 인정할 만한 프레젠테이션의 평가는 단순하다. 성공을 결정짓는 기준은 결국 청중이다. 프레젠테이션을 할 때 청중과 소통한다는 느낌을 갖기는 어렵다. 하지만 청중과 공감하는 순간이 지속되고 그것을 느끼는 순간 청중과 비로소 소통하게 된다.

프레젠테이션은 왜 어려운 걸까? 사람들의 대화 방식 99%가 쌍방향 커뮤니케이션인데 반해 프레젠테이션은 단방향이기 때문이다. 즉 대화란 내가 먼저 말을 하고 상대의 이야기를 듣거나 상대의 이야기를 먼저 듣고 내가 말하는 것인데 프레젠테이션은 그렇지 않다는 것이다.

그럼 어떻게 해야 할까? 비결은 단방향 커뮤니케이션을 쌍방향으로 바꾸는 것이다. 그리고 그것을 가능하게 하는 기술들이 있다. 먼저 청중과의 소통은 프레젠테이션을 하기 전부터 필요하다. 청중들에게 눈을 맞추고, 미소 짓고 당신을 보여주는 것이다. 이 두 가지만 해도 변화를 불러일으킬 수 있다. 그러기 위해서는 우선 스토리가 좋아야 하고 보디랭귀지와 목소리를 통해서 그것을 잘 전달해야 한다.

또한 청중과 소통하고 있다는 것을 프레젠터가 현장에서 느낄 수 있다. 예를 들어 프레젠터가 슬라이드를 넘기는 순간 모두가 동시에 유인물을 넘기거나 고개를 위아래로 끄덕이거나 중요한 내용을 이야기할 때 무엇을 적고 있다거나 진심에서 우러나오는 박수를 보낼 때, 프레젠터는 청중이 집중하고 있으며 소통하고 있다는 것을 느낄 수 있다. 청중과 소통하고 있다고 느낄 때 프레젠터는 목소리와 보디랭귀지에 자신감이 생기며 프레젠테이션의 성공을 예감하게 된다.

· 제02절 ·

감정과 열정을 담아라

프레젠테이션에 있어 불타오르는 열정과 자신감은 프레젠테이션을 살아있게 만드는 중요한 원동력이 된다. 실패를 예상한 프레젠테이션은 실패하게 된다. 프레젠터의 온몸에서 뿜어져 나오는 에너지는 청중을 사로잡게 되고 청중은 자신도 모르는 사이에 강한 신뢰감을 가지게 된다. 프레젠터는 청중을 움직이고 설득시키고 말겠다는 불타오르는 열정을 항상 가슴에 품고 있어야 한다.

프레젠테이션은 긴장되는 자리이기 때문에 평소 밝고 잘 웃는 사람도 긴장하게 마련이며 낯빛이 어두워지거나 딱딱해질 수 있다. 그럴 때일수록 밝고 여유 있는 미소와 생동감 있는 표정, 자신감 있는 표정이 중요하다. 프레젠터의 낯빛이 어두워지면 어두워질수록 청중도 함께 불안해하기 때문이다. 또한 청중의 낯빛이 어두우면 발표자의 불안감도 더욱 커질 수 있다. 그렇기 때문에 밝고 생동감 있는 표정

연출이 중요하다. 그러나 이는 생각만큼 쉽지가 않다. 내용에 집중하다 보면 오히려 미소 짓는 법을 잊어버리게 되고 낯빛이 점점 어두워지기 때문이다.

그렇다면 어떻게 연습해야 할까? 방법은 간단하다. 발표 내용에 감정을 싣는 것이다. 그러기 위해서는 우선 내용을 완벽히 이해해야 한다. 그리고 그 내용에 최대한 집중해서 발표를 하면 내용에 자연스럽게 감정이 실리게 되고 목소리의 변화도 함께 어우러지기 때문에 프레젠터의 열정과 자신감을 자연스럽게 표현할 수 있게 된다. 낯빛은 열정과 자신감으로 가득 차게 되며 어느새 손과 팔도 함께 그 내용을 표현하려 애쓰게 될 것이다. 이처럼 감정을 싣게 되면 자연스럽게 낯빛은 생동감 있게 되며, 보디랭귀지도 자연스러워진다.

'열정'과 '감정'은 청중과 소통하는 방법이다. 문화와 환경에 관계없이 열정과 감정만으로도 사람들은 서로 공감할 수 있다. 왜냐하면 감정은 세계 어디서든 통하는 언어이기 때문이다. 우린 모두 같은 감정을 가지고 있다. 슬픔, 행복, 놀람, 흥분 등 우리는 우리가 가진 감정들을 잘 알고 있다. 하지만 사람들은 공식적인 연설에선 이 감정들을 표현하지 않으려고 한다. 법정에 선 변호사들, 주주들 앞에 선 CEO들, 청중에게 연설하는 정치인들은 공식적인 자리에서 말할 땐 감정을 담지 않는다. 그건 자신의 감정이 다른 사람에게 드러나는 걸 두려워하기 때문이다. 그럼에도 불구하고 많은 연구 결과를 보면 사람들은 감정을 통해 소통한다고 한다. 따라서 감정은 우리에게 꼭 필요하다. 그리고 사람들과 소통하기 위해서는 이야기로 감정을 전달해야 한다.

우린 스스로 감정을 완벽하게 통제하고 이러한 감정의 표현 여부를 스스로 선택할 수 있다고 믿고 싶겠지만 실상은 전혀 그렇지 않다. 얼굴에 감정이 드러나지 않게 숨겼다고 해도 결국에는 어떤 감정이든 몸짓을 통해서나 때로는 '미세한 표정'을 통해서 드러나게 마련이다.

프로페셔널한 오프닝으로 시작하라

자신감을 상실하게 되면 오프닝 멘트부터 변명이 나오게 된다. '제가 지금 너무 떨려서', '제가 프레젠테이션 경험이 부족해서', '시간 관계상 준비가 부족해서' 등의 자신 없는 모습으로 시작하는 것이다. 청중은 이 말을 듣는 순간 프레젠테이션에 대한 수준을 짐작하게 된다. 굳이 설명을 듣지 않아도 알 만한 뻔한 내용만 늘어놓고 기술적 설명을 얼버무리거나 잘못된 내용으로 설명하는 것이다. 청중은 '지금 발표하고 있는 프레젠터는 과연 전문가일까?' 혹은 '내용을 제대로 알고 프레젠테이션을 하고 있는 걸까?'라는 의문을 가지게 된다. 심지어 프레젠터마저 얼른 끝내고 싶어 하는 표정과 행동을 나타내는 경우 청중은 급격히 신뢰를 포기하게 된다. 설상가상으로 틀린 발음으로 전문용어를 사용하는 경우 청중은 한숨을 쉬며 아예 고개를 돌려 버리게 된다.

오프닝에 실패하게 되면 프레젠테이션의 자신감은 급격히 떨어진다.

그리고 청중도 처음에 가졌던 프레젠테이션에 대한 기대를 접게 되고 무관심해지는 행동들을 보이게 된다. 하지만 반대로 프로페셔널한 오프닝으로 청중에게 호기심을 끌고 관심을 얻게 되면 청중의 반응은 긍정적으로 변하게 되고 발표자 역시 청중의 호응에 힘입어 더욱 자신감 있는 프레젠테이션을 할 수 있게 된다.

결국 오프닝은 전체 프레젠테이션에 영향을 줄 만큼 중요한 부분이라고 할 수 있다. 오프닝의 긴장을 극복하고 싶다면 오프닝에 30퍼센트 이상을 할당해 훈련하는 것이다. 긴장이 많은 발표자일수록 처음 오프닝에 훈련을 집중한다면 프레젠테이션이 훨씬 더 수월할 것이다. 그리고 오프닝을 프로페셔널하게 잘 이끌었다면 그 뒤에는 자신감에 힘입어 더 잘할 수 있게 되므로 평소 오프닝 훈련에 집중해 주길 바란다.

특히 오프닝은 프레젠터가 처음 프레젠테이션 회의실 문을 열고 들어간 순간부터 이루어지기 때문에 입장과 인사도 신경을 써야 한다. 프레젠터는 프레젠테이션 회의실에 입장했을 때 현장의 생생한 느낌을 온몸으로 받게 된다. 그리고 언제나 약간 덥다는 느낌을 받게 된다. 프레젠테이션 회의실은 청중들로 가득 차 있고 프레젠터가 회의실에 입장했을 때 모든 이목이 프레젠터에게 집중되기 때문에 순간 당황하고 긴장할 수 있다. 그 순간 프레젠터는 얼굴이 붉어지거나 땀을 닦는 행동을 해서는 안 된다. 또한 처음 발표장이나 회의실에 들어서는 순간 머뭇거리면 안 된다. 미리 당신이 위치할 곳을 보고 점찍어 둔 후에 머뭇거림 없이 그곳을 향해 자신감 있는 발걸음으로 천천히 걸어가 그곳에 위치해야 한다. 그리고는 청중을 한번 살핀다. 이때 처음 청중을 마주하기 때문에 심장이 떨리고 긴장될 것이다. 첫 장에서 말했듯이 자동적으로 떠오르는 생각이 중요하다. 현재 상황을 어떻게 지각하느냐에 따라 생각과 감정을 바꿀 수 있으며 이는 행동을 바꿀 수 있다. 그렇기에 긍정적으로 결과를 생각해 본다.

어느 정도 마음을 가다듬은 후에 자신감 있는 목소리로 "이제 프레젠테이션을 시작해도 되겠습니까?"라고 청중을 향해 이야기한다. 그러면 대화를 하고 있거나 다른 생각을 하고 있는, 우왕좌왕하고 있는 청중들이 일제히 당신을 볼 것이다. 이때 다시 한번 긍정적으로 결과를 생각한다. "청중이 내 목소리를 좋아할 거야.", "내 발표에 관심을 갖게 될 거야." 그리고 마지막에 모두들 박수와 함께 좋은 평가를 할 것이라고 긍정적으로 생각한다.

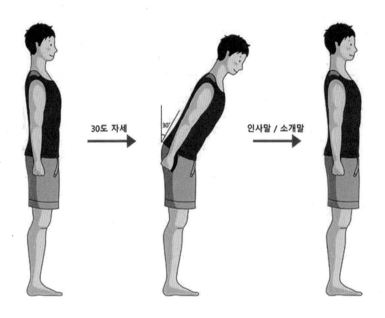

30도 자세 → 30° → 인사말 / 소개말 →

이제 청중을 향해 인사를 한다. 인사를 할 때는 배에 힘을 줘서 우렁차고 자신감 있게 한다. 허리를 30도 정도 굽히며 인사를 한 후에 인사말을 한다. 이때 미소를 잃지 않도록 주의한다.

프레젠테이션에서 오프닝은 중요하다. 그리고 오프닝에서도 특히 첫 인사가 중요하다. 오프닝은 청중과 처음 마주하는 시간이며 인사는 오프닝에서 청중에게 처음 미소를 짓는 일도 좀처럼 쉬운 일은 아니다. 그러나 이야기의 도입 부분을 편안하게 시작하기 위해 오프닝은 무척이나 중요한 것이다.

결론 먼저, 부연 설명은 뒤에

중구난방으로 이것저것 늘어놓다 보니 청중이 프레젠터를 따라가지 못한다. 전체적인 내용이 연결되지 않고 프레젠터도 내용을 서로 연결시킬 능력이 없는 경우를 우리는 종종 보게 된다. 이는 다른 사람이 만든 내용으로 프레젠테이션을 할 때 주로 나타나는 특징이다. 특정 페이지에서 '이 페이지는 뭐지?', '이게 여기 왜 들어와 있지?'라는 일순간의 정적이 발생하게 되면 프레젠터도 불안하고 청중도 불안하게 된다. 그러면 프레젠테이션은 어느새 미지의 세계로 빨려 들어가게 된다.

발표자는 항상 "내가 하고 싶은 말의 3분의 1도 못 했다."라는 탄식을 많이 한다. 결국 내가 하고 싶은 말을 다 못 해서 아쉬워하며 푸념을 남긴다. 그렇기 때문에 프레젠테이션은 언제나 결론부터 말하는 두괄식이어야 한다. 결론부터 말하고 부연 설명이 뒤에 따라줘야 한다. 그래야 메시지를 효과적으로 전달할 수 있으며 청중도 쉽게 이해할 수 있다.

군더더기를 빼고 중요한 어휘만 정리해 놓은 차트처럼 간결하고 명료하게 말하려면 결론부터 말하되 부연 설명을 뒤에 얘기해야 한다. 그만큼 논리적으로 정리해야 청중을 설득시킬 수 있다. 그러나 처음부터 두괄식으로 말하기는 무척 어렵다. 세 줄에서 다섯 줄 정도의 짧은 문장으로 정리해서 발표하는 연습을 해야만 한다. 그러나 이때 문장이 아닌 핵심 단어의 나열로만 정리해야 한다. 문장으로 정리할 경우 그대로 외워야 하기 때문에 무척이나 어렵다. 특히 중간에 내용을 잊어버릴 경우 전체 내용에 영향을 미칠 수 있기 때문에 단어로 정리해서 결론 먼저 말한 후 부연 설명을 뒤에 이야기하는 것이 좋다.

· 제05절 ·

구체적인 표현을 사용해라

구체적인 표현을 사용함으로써 신뢰감을 줘라. 구체적인 표현은 듣는 이로 하여금 신뢰감을 준다. 즉 애매모호한 표현과 두리뭉실한 표현을 삼가자. 청중은 숫자에 약하다. 숫자의 표현은 정확함을 나타내기 때문에 훨씬 더 신뢰감 있고 말하는 이가 프레젠터를 전문가로 느낄 수 있다. 예를 들어 '영업 생산성이 낮다.', '영업 사원들이 근무시간에 근무를 태만히 한다.', '그로 인해 영업 생산성이 낮아지고 있다.'는 표현보다는 '영업 생산성이 전년 대비 15% 감소하였다.'라고 말하면 '이는 영업 사원들의 근무시간이 기존 9시간에서 8시간으로 줄어들었으며 이는 영업 생산성 저하와 매출 5% 감소로 귀결되었다고 볼 수 있기 때문이다. 그래서 근로자들의 근로시간을 더 연장시켜야 한다.'라는 설득적인 결론을 주장할 수가 있다는 것이다. 도대체 생산성이 얼마나 낮은지, 왜 낮은지에 대한 구체적인 표현은 듣는 이로 하여금 정확한 정보라는 인식과 함께 프레젠터가 전문가라는 느낌으로 호감을 줄 수 있기 때문이다. 설득력은 서술적 표현에서 얻을 수 있는 것이 아니라 구체적인 표현에서 얻을 수 있다는 것을 기억하자.

반복의 기술을 써라

'반복'이란 기술도 있다. 이 기술은 무슨 프레젠테이션을 할 건지 먼저 소개하고 그 내용을 자세히 말한 다음 그것을 요약하여 프레젠테이션을 마무리하는 것이다. 이것을 통해 청중들은 내용을 더 많이 기억하게 되고 프레젠터와도 잘 소통하게 된다.

거짓말도 반복되면 진실이 된다. 연설의 천재 괴벨스는 나치 독일의 히틀러 밑에서 선전장관으로 활동했다. 그는 세 치의 혀로 대중을 설득했다. 대중을 상대로 선전 활동을 했던 괴벨스에게는 '거짓말을 진실로 둔갑시키는 기술'이 있었다. 방법은 간단했다. 바로 반복이었다. 괴벨스는 "대중은 거짓말을 처음에는 부정하고 그 다음에는 의심하지만 되풀이하면 결국에는 믿게 된다."는 명언을 남겼다. 그의 반복하고 또 반복하는 연설법은 청중들이 품을 수 있는 연설자에 대한 의심을 없애고 오로지 믿게 만드는 힘이 있었다. 프레젠테이션의 청중도 마찬가지다.

거짓말을 하라는 이야기가 아니다. 설득적 주장을 반복하다 보면 청중도 그 주장을 결국 신뢰하게 된다는 것이다. 무엇보다 반복 메시지는 간단해야 한다. 길고 장황한 메시지는 청중에게 별 효과를 얻을 수 없다. 짧으면서 청중에게 확실히 각인시킬 수 있는 단어를 선택해야 한다.

단문 선수가 되어라

프레젠터는 문장에 있어서 장거리 선수보다 먼저 단거리 선수가 되어야 한다. 단거리 선수만 되면 장거리 선수는 저절로 된다. 먼저 단문 연습부터 시작하는 게 좋다. 아무리 긴 문장도 단문을 쌓아 올려야 된다. 단문이란 즉 한 단락을 이루는 문장을 말한다. 한 단락, 한 단락의 문장을 어김없이 써내면 기초는 훌륭해진다. 어떻게 보면 장문을 쓰기는 쉽다. 반대로 단문을 쓰기는 어렵다. 단문 선수가 되면 곧 장문 선수가 된 것이나 다름없다. 단문 작업에서 중요한 건 복잡한 것을 어떻게 간단하게 꾸미느냐 하는 점이다.

자신감 있는 문장을 사용하라

"~인 것 같아요.", "~는, ~인데······."와 같은 확신 없는 말투는 아무리 발표 내용이 뛰어날지라도 발표자에 대한 신뢰를 떨어뜨려 우수한 프레젠테이션이라는 인상을 남기기 어렵다. 자신이 준비한 발표 내용에 확신을 가지고 문장의 마지막을 확실하게 끝맺어야 한다.

"~이다.", "~라고 생각한다."와 같이 단언하는 말투는 발표자의 자신감을 드러내고 이는 발표 내용에 대한 청중들의 신뢰감을 높일 수 있다.

숫자를 활용해라

나는 발표할 때 숫자를 활용한다. 일반적인 서술적 내용도 숫자를 넣으면 체계적이며 구조화되어 잘 이해가 되며 청중에게도 체계적이고 기억이 잘되기 때문이다. 예를 들어 '총 3가지를 볼 수 있다.' 혹은 '첫째는, 둘째는, 셋째는…' 이렇게 숫자만 넣어도 체계적으로 말하는 것처럼 느껴진다. 어렵지 않다. 서술적인 내용에 숫자만 넣었을 뿐이다. 말과 비주얼은 뗄 수 없는 관계이다. 숫자를 활용하면서 손가락으로 표현까지 해준다면 청중은 쉽게 기억할 것이다.

직장에서 상사에게 보고할 때 미리 스크랩을 정리해 두면 좋다. 직장 내에서 상사가 하는 질문이라곤 업무에 관한 얘기일 것이다. 그럼 미리 주 단위로 업무를 잘 정리해 두자. 만약 주간 보고를 정기적으로 하는 회사라면 주간 보고 정리를 잘 해두자. 그러면 상사는 내 업무에 대해 추진 사항을 종종 묻게 될 것이다. 그러면 작성한 것을 토대로 숫자를 넣어 상사에게 보고하면 일을 잘하고 있다고 생각하여 매우 흡족해하며 자신을 매우 일 잘하는 사람으로 인정할 것이다. 자신이 진행하고 있는 업무를 자신 있게 정리해서 말할 수 있다면 우선 업무를 잘하고 있다는 느낌을 줄 것이며 또한 자신감 있고 적극적인 태도를 보여 상사로부터 좋은 평가를 받게 될 것이다.

슬라이드는 커닝 페이퍼

프레젠테이션은 언제나 많은 준비와 연습이 필요하다. 그러나 이러한 프레젠테이션에서 있으면 해가 되거나 오히려 반드시 없어야 하는 것들이 존재한다. 그중에 반드시 고쳐야 할 것은 스크립트발표 원고이다. 정말 많은 사람들이 스크립트를 들고 무대 위에 오른다. 그리고 스크립트를 들고 발표장에 오르는 사람들의 변명은 한결같다. "이게 없으면 내가 하려는 내용을 다 말할 수 없을 것 같아서"라고. 그러나 발표 원고를 완벽하게 토씨 하나 틀리지 않고 외울 수도 없을뿐더러 만약 외웠더라도 청중 앞에 선 순간 긴장한 나머지 머리가 새하얘지는 경험을 이미 여러 차례 해보았다.

게다가 들고 올라가는 스크립트의 크기는 겨우 손바닥보다 조금 더 큰 정도일 것이다. 이러한 종이 여러 장을 겹쳐 무대 위에 올라갔다가 잊어버리는 부분이 생기게 된다면 당신은 신이 아닌 이상 잊어버린 부분의 내용이 스크립트의 어느 부분에 위치하는지 안다는 것은 불가능한 것이다. 그렇다면 당신이 스크립트를 들고 무대에 올라가는 목적도 달성하지 못하게 되는 것이다. 도리어 당신의 한쪽 손을 스크립트가 묶어둠으로써 발표자의 자유로움을 떨어뜨리는 효과를 낳는다.

당신은 이미 거대한 스크립트를 가지고 있다. 바로 당신의 뒤에 투영되는 슬라이드이다. 당신이 만든 슬라이드는 발표장에 있는 그 누구보다 당신이 그 내용을 가장 잘 알고 있기 때문에 청중들보다 슬라이드를 바라보는 시간이 짧을 수밖에 없다. 그리고 스크린은 당신에게 커닝 페이퍼이다. 커닝 페이퍼를 대놓고 보면 청중들은 좋아하지 않을 것이다. 하지만 조금만 내용을 이해하고 연습한다면, 청중들은 당신이 슬라이드를 보고 있다는 사실조차도 눈치챌 수 없을 것이다.

당신은 이미 스크립트를 통해 발표 내용을 이해하고 머릿속에 구조화하였다. 그러나 발표 당일 생각이 잘 나지 않을 때가 있다. 이때는 슬라이드의 메시지를 살짝 보면서 기억을 되새기며 발표해야 한다.

· 제11절 ·

질문으로 시작하고 질문으로 끝내라

프레젠터와 청중이 만났을 때는 낯선 사람들이 처음 만날 때처럼 어색하다. 하지만 그 상태로 본론으로 들어갔다간 청중의 호기심은 커녕 외면 받을 수 있다. 이때 주의를 끄는 가장 좋은 방법 중 하나는 청중의 호기심을 불러일으키는 것이다. "혹시 알고 있습니까?"라는 질문으로 시작하라. 발표할 내용과 관련된 이야기를 질문에 싣게 되면 질문을 통해 생각할 기회를 청중에게 주고 그들의 이목을 끌게 될 것이다. 프레젠테이션에서 질문을 많이 하는 것은 좋다. 굳이 청중이 대답하지 않더라도 프레젠터가 중요하다고 생각되는 부분은 스스로 질문하고 답변하면 되기 때문이다. 그렇다면 청중이 기대하지 않는 답변에는 어떤 것이 있을까? 바로 프레젠터가 중요하게 생각하는 핵심에 대해 좀 더 청중의 관심을 끌어들이기 위해서 질문하는 것이다. 그리고 스스로 질문하고 답하는 것이다. 그렇게 프레젠터가 의도한 대로 방향을 이끌어 가면 청중도 어느새 프레젠터가 원하는 방향에서 고민하게 될 것이다. 그리고 마지막에 한 번 더 프레젠터는 핵심 메시지를 강조해 줌으로써 청중이 오래 기억할 수 있도록 하는 것이다.

프레젠테이션 평가에서 가장 큰 영향력을 갖는 것은 질의응답이다. 제한된 시간 내에 평가해야 하기 때문이다. 평가자가 평가할 수 있는 시간이 짧을수록 프레젠테이션 요약과 질의응답에 중점을 둔다. 프레젠테이션은 단순하게 내용을 전달하는 것만으로는 부족하다. 프레젠테이션은 원고를 암기해서 어느 정도 진행할 수 있지만 정작 전체적인 내용을 이해하지 못한다면 질의응답에는 프레젠터가 답변을 거의 못 하게 된다. 질의응답 시 답변을 '함께 참석한 동료가 대신'이라는 멘트로 대신하면 프레젠터는 답변자를 주변에서 계속 찾게 된다. 다른 사람이 답변을 하는 동안 프레젠터는 자세 관리, 표정 관리가 안 된다. 청중은 '프레젠터가 도대체 왜 서 있을까?'라는 생각에 빠지게 되며 앞에서 들었던 프레젠테이션 내용에 대해서도 신뢰를 갖지 못하게 된다. 앞에서 들었던 프레젠테이션 내용에 대해서도 신뢰를 갖지 못하게 된다면 최악의 상황은 곤란한 질문을 받았을 때 참석자 누구도 답변하지 않는 일시적인 정적 현상이 발생하거나 청중의 질문에 답변자들이 서로 다른 의견으로 논쟁을 일으키는 경우이다.

프레젠테이션에서 가장 어려운 것이 포커페이스다. 청중으로부터 어려운 질문을 많이 받을 때가 있다. 그러다 보면 나도 모르게 표정이 진지해진다. 물론 진지한 표정만 하라는 것은 아니다. 진지할 때도 있지만 가끔 웃으면서 너스레를 떨기도 해야 한다. 무엇보다 평소 자신의 모습을 잘 알아야 한다. 포커페이스를 사람들은 그냥 무표정한 것으로 착각한다. 그러나 반대로 자연스럽고 가장 자신다운 얼굴이 포커페이스다. 신경조직을 바꾸면서까지 무표정한 얼굴로 심각해지는 건 포커페이스가 아니다. 간혹 질의응답을 하다가 목소리가 커지는 경우나 흥분하는 경우를 종종 볼 수 있다. 그때는 '실패'라는 예감이 든다. 청중은 빠른 판단력을 가졌다. 그리고 이해도도 높다. 왜냐면 중요한 의사결정을 해야 하기 때문에 집중하게 된다. 그러므로 프레젠터의 태도에 따라 약점을 금방 알 수 있다. 나는 평상시에도 감정을 숨기는 편은 아니다. 물론 내 정보가 노출이 덜 되면 덜 될수록 유리한 건 사실이다. 그것은 사회생활에서도 마찬가지다. 지나치게 자신을 솔직하게 드러내고 필요 이상 말이 많아지면 상대에게 정보가 노출된다. 대인관계나 연애에 실패하는 사람들의 특징이다. 말이 많아지면 어쩔 수 없이 감정이 드러난다.

우선 많은 경험이 답이다. 무언가를 겪으면서 새로 배운다고 생각하면 더 빨리 나아갈 수 있다. 심리는 파악하는 게 아니다. 단지 상대의 행동에서 단서를 찾는 것일 뿐이다. 단서가 없는 행동은 존재하지 않는다. 거짓말을 잘하는 사람들이 자주 쓰는 단어는 '그냥'이다. 그리고 약점이 드러나면 쉽게 흥분하기 마련이다. 어떤 것이든 세상엔 이유와 근거가 따르기 마련이다. 상대의 표정, 말투, 행동을 잘 살펴보라. 많은 경험의 데이터를 토대로 역으로 생각해 보면 알 수 있다. 반대로 경험이 없는 사람들은 처음부터 끝까지 최선을 다해 답변해

주며 시종일관 진지한 모습을 보여 주는 것이 가장 좋다. 상대의 말에 진지하게 경청하고 또 대답해 줄 때 청중은 적어도 실망하지는 않는다.

질의응답을 하다 보면 정말 많은 유형을 알 수 있다. 그런 유형을 미리 파악하지 못하고 나서면 자칫 큰 낭패를 볼 수 있다. 낭패란 발표자가 날카로운 질문을 받았을 때 흥분과 화를 감추지 못하고 포커페이스 조절을 못 해 낳게 되는 실수이다. 발표자의 감정이 흔들리는 것을 본 청중은 더욱 더 강하게 질문을 하게 된다. 발표자는 의연하게 전문가처럼 대답을 잘해야 하는데 이때 무엇보다 중요한 것은 포커페이스다. 자칫 감정을 드러내서는 안 된다는 뜻이다.

프레젠테이션에서 청중은 긍정적인Positive 청중과 부정적인Negative 청중 그리고 둘 중 어느 쪽도 아닌neutrality 청중이 존재한다. 프레젠테이션을 할 때 내용과 관련 없이 프레젠테이션을 긍정적으로 보는 청중이 있는 반면에 부정적으로 보는 청중이 있고 아무런 반응이 없는 청중이 있다. 그러나 부정적인 청중은 항상 존재하기 마련이다. 이때 무조건 프레젠터의 능력과 연관된다고 생각하면 착각이다. 그렇기 때문에 부정적인 청중의 반응에 너무 신경 쓰지 말고 마음속으로만 서운하게 생각해도 좋다. 그러나 밖으로 절대 표현하거나 표출해서는 안 된다. 오히려 내용이 아닌 프레젠터의 태도에 어느 쪽도 아닌 청중이 부정적으로 변할 가능성이 있기 때문이다. 긍정적인 청중과 어느 쪽도 아닌 청중을 위해 자신감을 갖고 프레젠테이션을 하는 것이 좋다. 중요한 것은 부정적인 청중을 긍정적인 청중으로 바꾸려고 하지 말라는 것이다. 절대 안 된다. 프레젠터의 능력으로는 바꿀 수 없다. 극소수이지만 부정적인 청중은 항상 존재하기 마련이다.

• 제12절 •

청중과 소통하고 싶다면
'이야기'로 풀어내라

이야기는 프레젠테이션보다 스피치 할 때 매우 중요한 요소이다. 청중과 소통하기 위한 또 하나의 기술은 '스토리로 말하라'이다. 왜냐면 스토리로 전달할 땐 연설문이나 원고를 읽을 필요가 없기 때문이다. 프레젠터가 스토리로 전하면 감정을 표현할 수 있고 청중들은 이것을 들으며 공감할 수 있는 것이다. 만약 "짧은 이야기로 시작하고자 합니다." 라고 시작하면 그 순간 모든 청중들이 당신에게 집중하게 된다. 그럼 어떻게 하면 훌륭한 스피치를 만들 수 있을까? 훌륭한 스피치를 작성하기 위해 가장 우선으로 여겨야 할 것은 '오로지 스피커만이 청중들에게 해줄 수 있는 내용으로 스피치를 만드는 것이다.' 즉 내용을 매우 진솔하고 지극히 사적이게 작성해야 한다는 것이다. 그래야 스피커가 정말 겪고 느낀 것에 대해 열정과 감정을 담아 전달할 수 있기 때문이다.

버락 오바마의 수석 연설원고 작성자 존 파브로는 타임지에서 선정한 '세계에서 가장 영향력 있는 100인'에 뽑힌 인물이다. 그는 오바마 대통령이 자신의 감정을 잘 전달하게 하도록 그가 경험하고 느낀 것을 이야기처럼 담아냈다. 오바마는 그를 '독심술사'라고 불렀다. 그리고 그 내용은 물론 표현 방식까지 꼼꼼히 챙겼다.

청중들이 스피치에서 가장 좋아하는 부분이 바로 스피커가 '이야기로 말할 때'라고 한다. 왜 그럴까? 우리는 본능적으로 이야기는 좋은 것이라고 기억하고 있다. 부모님이나 할머니, 할아버지 품에서 이야기를 들었을 때 따뜻함과 포근함을 느낀 적이 있듯이 우린 그런 느낌들을 좋아하기 때문이다. 그래서 당신이 스피치를 할 때 "오늘 제가 왜 이 자리에 있는지 이야기해드리겠습니다."라든가 "제 자신에 대해 얘기해보겠습니다."라고 한다면, 청중들은 바로 '저 이야기를 듣고 싶다.'라고 관심을 보일 것이다.

이야기로 말하라는 또 다른 이유는 바로 이때 당신의 감정이 나오기 때문이다. 실제 경험하고 느낀 것을 말하기 때문이다. 예를 들어 부모님과 관련된 이야기를 할 수도 있다. 나는 종종 할머니에 대해서 이야기를 한다. 나와 우리 세 형제는 어려서부터 할머니 손에서 자랐다. 할머니는 네 명의 손주들에게 리더십을 가르치려고 노력하신 분이었다. 나는 네 명 중 셋째였다. 내가 7살에서 9살쯤이었을 때, 할머니는 우리 사 남매를 앉혀 놓고 말했다.

"너희들은 불평이 너무 많아. 그런데 아직 너희들이 모르는 것이 있어. 인생은 죽음이나 병보다도 더 큰 의미를 지니고 있단다. 인생은 정말이지 훗날 너희들이 남기게 되는 것들 그 자체야. 무엇을 후대에 전해줄 것인지, 너희가 존재했기 때문에 세상이 조금 더 나은 곳이 되었는지 하는 그런 것들 말이야. 너희는 그걸 신경 쓰고 그걸 위해 노력해야 해."

할머니는 열정을 담아서 이것을 우리에게 가르쳤다. 당신도 이런 식으로 말하라는 것이다. 사람들이 자극을 받고 동기부여가 될 수 있게 말이다. 나는 할머니의 말을 듣고 인생은 자신보다 큰 것이라는 것을 깨달았고 이것을 다른 사람에게도 알려야 할 책임을 느꼈다. 그리고 이런 이야기를 말하고 있으며 사람들에게 이러한 열정을 보여 주라고 말한다. 나는 이렇게 스피치를 한다. 지극히 평범하면서도 나만의 특별한 이야기를 솔직하게 이야기로 풀어낸다.

나는 지금 당장이라도 어느 곳이든 가서 20~30분 동안 이렇게 스피치할 수 있다. 이렇게 스피치에 자신의 이야기를 넣으면 많은 부분에서 열정적이라는 평을 듣는다. 그리고 많은 사람들이 내게 와서 "할머니와 관련된 얘기가 너무 인상 깊었어요."라고 이야기를 한다.

내가 말하고 싶은 건 이것이다. 이야기로 소통하는 것이다. 그럼 당신의 감정과 열정을 보여줄 수 있을 것이다. 그리고 그걸 두려워하거나 수치심을 느껴선 안 된다. 스피치 하는 내내 당신의 감정을 다양한 방법으로 보여 주어라. 묘사적인 단어를 사용해서 당신의 감정을 나타내도 된다. 그리고 당신이 '슬프다'라는 단어를 말할 땐 정말 슬프게 들릴 수 있도록 하고 '기쁘다', '감격스럽다'라는 단어를 말할 땐 정말 기쁘거나 감격스럽게 들릴 수 있도록 감정을 싣게 되면 어느새 상대와 진심으로 소통하고 있다는 것을 느끼게 될 것이다.

어떤 연설자가 무미건조하게 "오늘 이 자리에 서서 영광입니다. 여러분은 훌륭한 청중입니다."라고 말한다면 그건 누가 들어도 진심으로 말한다고 여겨지지 않는다. 솔직한 당신만의 이야기와 감정을 보여 주어라. 솔직한 이야기와 감정을 표현한 이 작은 차이가 청중과의 소통을 확실히 끌어낸다. 당신이 말하고자 하는 스피치와 연관된 개인적인 이야기를 감정을 실어 털어놓아라. 그러면 청중들은 당신과 소통하고 있다고 느낄 것이다. 그러면 당신은 훌륭한 스피치를 한 것이 아니다. 훌륭한 이야기를 전달한 것이다. 바로 당신의 감정을 보여준 것이다. 이렇게 감정은 사람들을 하나로 연결시켜 준다. 그러니 당신도 스피치를 할 때 감정을 끄집어내라. 인터뷰할 때도 마찬가지로 경직돼서 가만히 앉아있지 말고 질문을 받으면 딱딱하고 지적인 대답만 늘어놓지 마라. 당신의 여러 감정을 함께 보여줄 수 있다면 당신은 스피치를 할 때 항상 청중들과 소통할 수 있을 것이다.

· 제13절 ·

한 가지 주제에만 집중하라

또 다른 기술은 바로 '한 가지 주제에 집중한 스피치'이다. 연구 결과에 따르면 한 스피치에 여러 주제가 있으면 청중들은 흥미를 잃는다고 한다. 주제가 3개나 4개여도 청중들은 그 내용을 잊어버린다. 그래서 딱 한 가지 주제만 다루어야 한다. 한정된 시간에 집중할 수 있게 만드는 절묘한 전략이 필요하다. 특히 청중의 기억은 아주 한정적이다. 많은 메시지보다는 한 가지 주제를 분명하게 각인시켜야 한다.

청중은 한 가지 완성된 요리를 주어야 받아먹는다. 여러 가지 요리 재료들을 좋아하지 않는다. 도대체 "이걸 갖고 무얼 만들라는 거야."라고 짜증낸다. 대신 한 가지 완성된 요리를 주면 그래야 바로 받아먹는다. 그리고 한 번에 여러 가지 요리를 주면 어느 것 하나도 맛있어 하지 않는다. 마치 뷔페에 다녀와서 "내가 뭘 먹었더라……"하는 것과 마찬가지이다.

거의 모든 청중들은 요리를 좋아한다. 메시지 역시 완성된 요리 같아야 한다. 요리 재료로는 청중이 이해하기 어렵다. 그리고 완성된 요리는 여러 가지 퓨전 요리로 진화해야 한다. 메시지 또한 여러 가지 버전으로 만들어서 어떤 상황에서도 자신의 메시지를 전달해야 한다. 요리 재료에 대해 하나하나 설명이 없어도 하나의 완성된 요리만이라도 기억하게 만들어야 한다.

보디랭귀지의 마력

보디랭귀지에 주목하자

대학생들이 가장 선호하는 연예인이 유재석이다. 그가 출연하는 모든 프로그램이 시청률을 보장받는다. 프로그램에서 보여 주는 그의 꾸밈없는 말과 행동들, 여기에 한 번도 구설수에 오르지 않는 '바른 사나이'의 이미지는 그를 계속해서 사랑받게 하는 중요한 요인이 되고 있다. 그가 시청자에게 주는 기쁨은 그에 대한 사랑으로 되돌아가는 모양이다. 유재석은 겸손과 솔선수범 그리고 배려의 아이콘이다.

유재석은 온몸으로 배려하는 사람이다. 열정적인 에너지를 표현함과 동시에 웃음을 선사하는 큰 손동작, 곳곳에서 드러나는 유재석식 배려와 매너는 유재석의 인기 요인 중 하나다. 그들이 의식하지 않아도 자연스럽게 드러나는 유재석의 보디랭귀지는 그의 매력을 더하고 있다. 오랜 시간 국민MC 자리를 지키며 사랑받고 있는 유재석의 보디랭귀지는 눈빛을 보고 육감으로 느끼며 온몸으로 공감한다. 특히 그의 반듯한 자세는 당당해 보이면서도 상대에게 호감을 불러일으킨다.

프레젠테이션 근육을 만들어라

청중에게 예의 바른 인사와 태도는 프레젠터의 첫인상과 호감도를 상승시켜 주는 중요한 요인이다. 인사는 30도 정도 허리를 굽히는 것이 좋으며 목례만 하는 것은 좋지 않다. 인사를 할 때는 우렁차고 자신감 있게 하며 인사와 인사말을 동시에 하지 않는다. 인사를 하고 난 후 인사말을 하거나 자신을 소개하는 것이 훨씬 더 청중의 집중력을 높인다.

미소는 상대방에게 관심, 호감, 편안함과 같은 긍정적인 감정의 메시지를 전하는 아주 중요한 표현이다. 미소가 있는 표정은 굳어 있는 표정에 비해 훨씬 수월하게 상대의 마음을 열게 하는 힘이 있다. 미소는 상대에게 여유 있어 보이고 '나는 당신에게 관심을 갖고 있다.'라는 인상을 전달한다. 반면에 감정이 없거나 굳은 표정은 상대에게 거만해보일 수 있어 상대의 마음을 닫히게 할 수 있다. 또한 미소는 상대와의 대화에 내가 집중하고 있음을 나타낸다. 그리고 '나는 당신에게 호감이 있다, 관심이 많다.'와 같은 의미를 전달한다.

기본자세

프레젠테이션을 할 때 의외로 어려운 것은 가만히 서 있는 것이다. 대부분의 초보 프레젠터에게 나타나는 현상은 작은 움직임이 많다는 것이다. 마치 노를 젓는 듯 상반신을 앞뒤로 흔드는 동작을 취하거나 발을 자주 옮기는 등의 작은 움직임들은 청중을 불안하게 만들고 집중하지 못하게 만드는 나쁜 자세이다. 물론 프레젠터 자신은 알지 못하고 떨리는 마음을 극복하기 위해 자연스럽게 하는 행동이다. 그러므로 본인은 잘 느끼지 못한다.

그렇기 때문에 동영상 녹화를 통해 자신의 자세가 어떠한지를 모니터링해 볼 필요가 있다. 기본자세가 불안정하게 되면 청중은 전체적인 프레젠테이션이 가벼워보인다는 느낌을 받게 된다. 초보 프레젠터에게서 나타나는 몇 가지 잘못된 자세는 다음과 같다.

뒷짐을 지고 서 있는 자세

프레젠터 스스로가 편안한 자세를 찾을 때 주로 사용하는 자세이다. 이런 경우 자연스럽게 턱을 들게 되고 거만한 자세가 된다. 또한 보디랭귀지 자체가 불가능한 자세가 되며 청중이 보기에도 매우 불편해 보인다.

손을 앞에 모으는 자세

나름대로 겸손해 보이기 위해 주로 사용하는 자세이다. 하지만 손을 앞에 모으면 어깨와 등이 구부정해 보인다. 오히려 청중에게 궁색한 느낌을 주며 무엇보다 자신감이 없어 보인다.

손을 내리고 있는 자세

'차렷' 자세는 기본자세이긴 하지만 프레젠터가 오래 지속하면 긴장하고 있다는 느낌을 주는 자세이다. 손이 아래에 있기 때문에 보디랭귀지를 하는 것 자체가 어렵고 목석처럼 가만히 서서 프레젠테이션을 하게 된다.

  자연스러운 보디랭귀지를 하기 위해서 가장 중요한 것은 안정적인 기본자세를 자연스럽게 유지하는 것이다. 기본자세에서부터 출발해 프레젠테이션의 안정감을 주고 보디랭귀지를 통해 열정과 자신감을 드러내는 것이다. 무엇보다 안정적인 기본자세를 익히게 되면 프레젠테이션 초반의 긴장과 떨림을 어느 정도 극복할 수 있다. 기본자세는 프레젠테이션 현장에서 찾는 것이 아니라 평소에 훈련되어 있어야 한다. 현장에서는 늘 그래 왔던 것처럼 자연스럽게 자세가 잡혀야 한다.

  우선 서 있는 위치는 정면에서 바라보았을 때 청중의 시선으로 스크린의 오른쪽에 위치한다. 청중의 시선은 주로 좌측에서 우측으로 이동하기 때문에 오른쪽에서 설명하는 것이 안정감을 준다. 슬라이드를 가리거나 너무 멀리 떨어지지 않은 위치에 자리를 잡는다. 자리를 잡았으면 골반 너비 정도로 양다리를 벌리고 허리를 중심으로 하체를 고정시킨다. 상체는 자유롭게 움직이지만 허리를 돌릴 정도의 큰 움직임은 하지 않는다는 것에 주의한다. 또한 어깨에 힘을 최대한 빼고 편안한 느낌을 유지한다. 경직되어 보이지 않도록 자연스러움을 유지하는 것이 포인트다. 이것이 프레젠테이션의 기본자세이다. 기본자세는 청중의 모든 의견을 수용할 수 있고 프레젠터의 모든 열정과 에너지를 청중에게 전달하고 있음을 보여 주는 자세이다.

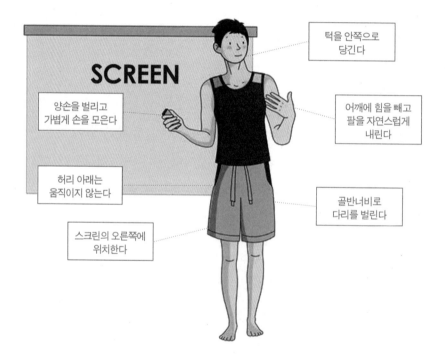

기본자세를 처음 시도하게 되면 스스로가 매우 어색하게 느껴질 수 있다. 또 사람마다 신체적 차이가 있기 때문에 오래 걸릴 수도 있다. 하지만 끝까지 포기하지 말고 기본자세가 생활화될 수 있도록 노력해야 한다. 프레젠테이션을 할 때 설득력의 모든 에너지는 기본자세의 안정성에서 나온다는 목표를 세우고 반복적인 훈련을 통해 기본자세를 익혀야 한다. 버스를 기다리거나, 지하철을 타고 있을 때, 동료와 대화를 하거나, 구내식당에서 줄을 서 있을 때도 수시로 훈련을 해야 한다. 무의식 상태에서도 언제든지 기본자세를 유지할 수 있을 때까지 몸에 배도록 훈련한다.

프레젠테이션을 시작할 때 올바른 손 처리와 발 모양을 알아보자. 손은 동그랗게 만든 뒤 가볍게 가슴팍이나 복근 부근에 위치하면 된다. 포인터기는 왼손에 들고 오른손은 핑거 포인트를 할 준비를 하면 된다. 만약에 마이크를 들고 있다면 얘기는 다르다. 왼손에 마이크를 잡고 오른손은 핑거 포인트를 할 준비를 하면 된다. 이 경우 오른손은 가볍게 바지 재봉선 옆에 두면 된다. 자세와 손동작은 기상 캐스터만큼 좋은 사례는 없다. 또한 발의 위치도 매우 중요하다.

손 처리

나에게는 프레젠터가 초보인지 아닌지를 한눈에 알아보는 방법이 있다. 바로 어색한 손동작이다. 초보 프레젠터의 경우 손을 어디에 두어야 할지 어색해한다. 그래서 손을 계속 어색하게 움직인다. 비비기도 하고, 손목을 잡기도 하고, 심지어 팔짱을 끼기도 한다. 프레젠터에게 손은 제2의 언어와 다름없다. 제2의 언어라는 것은 입으로 이야기하는 제1의 언어 외의 손동작의 표현으로 메시지를 전달할 수 있고 또 읽을 수 있다는 것이다. 즉 내가 이 일을 얼마나 잘 알고 있고 잘 해낼 수 있는지의 언어를 청중에게 전달해야 한다.

손의 위치나 쓰임도 또 하나의 메시지라고 해도 과언이 아니다. 그만큼 손동작은 매우 중요하다. 그렇기 때문에 처음에 모르고 그냥 발표하기보다는 정확한 손동작과 표현에 대해 알고 나서는 것이 중요하다.

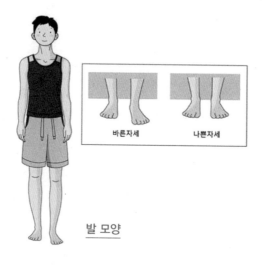

발 모양

프레젠테이션을 하다 보면 자세가 기울어지는 것을 볼 수 있다. 오래 서 있다 보면 몸을 지탱하기 힘들 때가 많다. 그러다 보니 몸이 한쪽으로 기울게 되고 자연스럽게 짝다리가 연출된다. 청중이 보기에 어떨 것 같은가? 보기 좋지가 않다. 그러면 어떻게 해야 하는가? 방법은 간단하다. 발을 일자로 나란히 위치하기보다 엇갈려서 오른쪽이나 왼쪽 발을 반대편 발보다 살짝 반 보 정도 앞으로 두는 것이다. 이것을 대칭이라고 하는데 발 모양을 대칭으로 두면 등과 허리가 곧게 펴지며 장시간 서 있어도 힘들지 않고 무엇보다 몸이 기울지 않는다는 것이다. 왼발과 오른발을 나란히 두되 한쪽 발을 약간 앞으로 빼거나 뒤로 반 보 정도 엇갈리게 뺀다. 약간 엇갈리게 서게 되면 오래 서 있을 수 있으며 허리도 꼿꼿해지고 자세가 기울어지지 않는다.

이러한 자세가 처음에는 힘들 것이다. 그래서 평소 훈련과 습관이 필요하다. 지하철에 서 있을 때, 서서 무엇을 할 때 등 항상 서 있을 때마다 자세를 유지하면서 서 있는 훈련을 하다 보면 처음에 불편했던 자세가 오히려 편하게 느껴질 것이다.

초보 프레젠터는 스크린 안으로 들어간다든지 작은 움직임이 많다. 산만해 보이고 부자연스러워 보인다. 이는 청중을 산만하게 한다. 또한 작은 움직임을 고치지 않은 상태에서 보디랭귀지나 손동작을 하게 되면 더욱 산만해 보이고 정신없어 보인다. 청중이 집중을 할 수 없도록 만든다. 오히려 프레젠터의 행동에 더욱 신경이 쓰여 내용에 더욱 집중할 수 없게 되고 기억할 수도 없게 된다. 많은 시간과 노력으로 준비한 프레젠테이션을 한순간에 망쳐서는 안 된다.

전신 거울 앞에서 혼자 연습하기

준비물전신 거울, 클립 거치대, 스마트폰로 프레젠테이션 발표 연습을 해보자. 프레젠테이션은 연습이 가장 중요하다. 우선 전신 거울은 뒤에 받쳐 주는 것과 벽에 붙이는 벽걸이용이 있다. 어떤 전신 거울이든지 상관 없다. 자신의 전신이 다 나올 수 있는 크기면 괜찮다. 전신 거울의 위치는 방의 조명이 역광으로 비치는 각도만 피하면 된다. 전신 거울 위에 클립 거치대를 끼우고 스마트폰을 장착한다. 만약 미니 빔프로젝터나 스마트 TV가 있다면 파워포인트 슬라이드도 함께 띄워 놓고 하면 더 좋다.

1. 우선 거울 속의 자신을 본다. 얼굴, 어깨부터 차례대로 본다. 얼굴이나 몸의 각도가 한쪽으로 기울어지지는 않았는지, 어깨도 수평인지 확인해본다. 그리고 미소도 함께 연습해본다. 특히 인사는 여러 번 연습해보는 게 좋다.

2. 처음에는 스크립트 내용을 완전히 숙지하지 못했으니 발표 내용을 스크립트를 보면서 연습한다. 스크립트는 단어의 조합이다. 그리고 어떤 단어를 선택해서 말을 해야 할지 연습해 본다. 만약 파워포인트 슬라이드를 띄워 놓고 연습한다면 슬라이드마다 자신의 말을 일치시키도록 연습을 해 보고 보완해야 할 점을 미리 파악한다. 특히 슬라이드와 슬라이드 사이의 적절한 연결어들도 연습해 본다.

3. 그리고 어느 정도 스크립트를 보지 않고도 할 수 있을 때 스마트폰으로 녹화를 시작한다.

내용보다 더 중요한 게
보디랭귀지이다

말하기에 신경 쓰다 보면 보디랭귀지가 안 되고, 보디랭귀지에 신경 쓰다 보면 말하기가 부족해지는 것이 일반적으로 겪는 어려움이다. 우선 말하기 훈련을 충분히 하고 다음으로 적절한 보디랭귀지 훈련을 하는 것이 효과적이다. 그렇게 말하는 수준을 향상시킬 수 있다.

우선 전신 거울 앞에 서 보자. 다리는 골반 너비 정도로 벌려 안정감 있게 선 다음 양발에 고르게 체중을 싣는다. 이때 고르게 체중을 싣지 않으면 한쪽으로 기울어 비딱한 자세로 보일 수 있다. 그리고 등과 허리, 머리가 일자가 되도록 바르게 편다. 턱은 내리지도 들지도 말고 바닥과 평행을 이루게 둔다. 이 자세는 등과 허리를 곧게 펴주며 가슴이 넓게 펴짐과 동시에 안정감 있고 자신감 있게 보이는 자세이다. 이 자세는 평소 자세 교정이 중요하다. 서 있을 때 그리고 앉아 있을 때도 등을 기대기보다는 등을 살짝 떼어 등과 허리를 꼿꼿하게 펴는 연습을 해주는 게 좋다. 처음에는 힘들고 괴롭지만 차츰 시간이 지나고 몸에 익숙해지면 오히려 굽은 자세가 더 불편해질 것이다.

자세 교정 방법은 간단하다. 자세 교정을 하기 전 전신 거울을 통해 평소 자세를 본 후 이 자세를 유지한 채 거울을 보면, 자신감 넘치는 당당한 자신의 모습을 볼 수 있다. 평소 꾸준한 연습이 없을 경우 다시 구부정한 자세로 돌아올 수 있으니 꾸준히 이 자세를 연습하고 평소에도 항상 생각하면서 자세를 바로잡아야 한다. 이 자세는 성장하는 아이들에게도 키를 자라게 하는 아주 좋은 자세이다. 15~20분 이상 자세를 유지한다. 평소 이 자세를 생각하고 걸을 때나 서 있을 때도 신경을 쓴다. 특히 우리는 서 있을 때보다 앉아 있는 경우가 많다. 그렇기 때문에 앉아서도 허리를 곧게 펴주는 연습이 필요하다.

1. 몸의 뒷면을 벽에 붙이고 선다.
2. 양발은 11자로 하며 무릎에 힘을 주어 다리를 곧게 펴고 양다리를 모아 선다.
3. 머리, 어깨, 등, 엉덩이, 발뒤꿈치를 벽에 밀착시킨다.
4. 턱은 살짝 목 쪽으로 당기고 시선은 정면을 응시한다.
5. 어깨는 벽에 붙이되 날개뼈가 벽에 붙은 느낌으로 서도록 한다. 이때 너무 가슴을 내밀지 않는다.
6. 배에 힘을 주어 허리와 벽 사이에 공간을 손바닥이 들어갈 정도로 유지한다.
7. 목덜미, 허리, 팔, 발목은 벽에 닿지 않는다.

습관적으로 자세를 바꾸는 것은 처음엔 쉽지 않다. 하지만 계속하다 보면 바른 자세가 편하듯이 연습한 자세가 오히려 더 편하다.

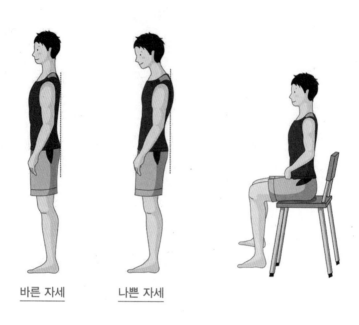

바른 자세   나쁜 자세

나는 평상시에도 자세 교정 연습을 한다. 지하철에 서 있을 때, 거실에서 앉아 텔레비전을 볼 때, 책상에 앉아 책을 보거나 컴퓨터를 할 때도 항상 자세 교정 연습을 한다. 자세를 연습하고 평소에도 항상 생각하면서 자세를 바로잡아야 한다. 물론 처음부터 그랬던 것은 아니다. 이제는 의식적인 노력을 전혀 하지 않아도 이 자세가 훨씬 편하고 쉽다. 오히려 등이나 허리를 굽힌 자세가 어색하고 힘들다. TV를 보면서, 책을 읽으면서, 거리를 걸으면서 어디서든 따로 어렵게 시간을 내지 않아도 하고자 하는 마음만 먹는다면 얼마든지 연습할 수 있는 것이 자세 교정이다. 별도로 트레이너나 전문가에게 코칭 받을 필요 없이 본인이 마음만 먹는다면 얼마든지 교정할 수 있다.

평소 복근 운동을 해주는 것도 자세 교정에 좋은 방법이다. 복근이 단련되어 있으면 배에 힘을 줄 수 있으며 등과 허리를 곧게 펼 수 있다. 자세 교정을 쉽게 하기 위해서는 복근 발달이 되어 있으면 좋다. 프레젠테이션을 하면 프레젠터는 몸의 긴장감을 많이 느낀다. 특히 어깨와 목이 뻣뻣함을 느낀다면 배에 힘을 주고 등과 허리를 곧게 펴라. 그러면 긴장이 덜 느껴질 것이다.

프레젠테이션은 자세 교정만 해도 70% 이상 좋아진다. 길을 걷다 보면 자세만 봐도 그 사람의 당당함과 자신감을 느낄 수 있다. 오히려 등이나 허리가 구부정하거나 자세가 바르지 않은 사람은 왠지 힘이 없어 보이고 무기력해 보이며 자신감이 없어 보인다. 요즘 프레젠테이션은 기업, 정부, 단체 등에서 주로 사용되고 있지만 사실 변호사, 사업가, 구직자 등 의사소통을 하는 모든 사람들에게 도움이 된다. 특히 보디랭귀지는 매일매일 대화를 나눌 때 언제든지 사용할 수 있다. 보디랭귀지는 내용을 뛰어넘어 사람들이 잘 소통하게 만들어 준다.

· 제05절 ·

손동작과 표정을 적극 활용해라

손동작은 주로 가슴팍 주변에서 사용한다. 단순히 3~4개 정도의 손동작에 불과하지만 상대방의 마음을 확실히 움직일 수 있다. 제스처를 취하면 목소리가 흔들리고 프레젠테이션을 하는 모습에 열정이 더 들어가기 때문이다. 그리고 프레젠터의 목소리, 손동작, 얼굴 표정이 함께 움직일 때 청중들은 프레젠터를 더 많이 신뢰하고 좋아하게 된다. 또한 당신이 비즈니스, 방송, 정치 등 어느 분야에 있든 사람들이 당신을 좋아하게 되고 따르고, 그래서 당신을 뽑고, 당신이 파는 제품을 사게 된다. 결국 당신이 원하는 쪽으로 그들을 움직일 수 있기 때문이다.

손동작은 손을 사용하여 이야기의 내용을 시각적으로 전달하는 것을 의미한다. 이를 적절한 타이밍에 사용하면 청중에게 강한 인상을 주고 메시지 전달을 효과적으로 도울 수 있는 프레젠테이션의 핵심

도구 중 하나이다. 누구나 대화를 할 때 자신도 모르는 사이에 손동작을 사용한다. 하지만 체계적이거나 통제되지 않고 순간순간 즉흥적인 느낌으로 사용하는 경우가 대부분이다. 초보 프레젠터에게서 흔히 나타나는 보디랭귀지는 '너무 자주, 너무 크게' 사용하는 것이다. 청중의 시각으로 보면 너무 정신없어 보일 수 있다. 따라서 보디랭귀지와 말하는 내용의 적절한 조화를 체질화시킬 수 있어야 한다.

상대에게 손바닥을 보여주면 더욱 솔직하고 정직하게 보일 수 있다. 손바닥이 위로 향하면 '나는 솔직하다.'라는 것을 뜻한다. 또한 개방적이며 상대의 의견을 수용할 수 있다는 신체 언어이기도 하다.

손바닥을 가슴에 모으면 좀 더 감정 표현이 잘된다. 당신이 말하고 있는 내용이 좀 더 진실을 담았다는 것을 표현할 수 있으며 청중의 마음을 흔드는 중요한 동작이기도 하다. '나도 당신의 마음을 알고 또 그 마음을 이해한다.'는 감정의 표현이다. 또한 손바닥 사이의 간격을 통해 일의 중요도나 가치를 보여준다. 손바닥 간격을 좁히면 '작다'는 표현이지만 반대로 간격을 넓히면 '크다'라는 표현이기도 하다. 손동작은 당신이 얼마나 열정이 있는지를 보여주는 신체적 언어이기도 하다.

나는 프레젠터의 발표를 평가할 때 손의 위치나 손동작만 봐도 그 프레젠터가 초보인지 아닌지를 금방 알 수 있다. 프레젠테이션에 있어서 프레젠터의 손은 위치와 동작이 매우 중요하다. 그리고 청중의 평가 대상이기도 하다. 그렇기 때문에 프레젠테이션에서 손의 위치랑 동작은 정말 중요하다. 손의 위치만 보아도 프레젠터가 아마추어인지 프로인지를 한눈에 알 수가 있다.

초보 프레젠터는 사전에 미리 준비하고 훈련하지 못해 손동작을 어떻게 해야 할지 그리고 손을 어디에 두어야 할지 몰라 난감하며 손을 너무 자주 움직이거나 아예 움직이지 않거나 또는 앞으로 손을 모으거나 뒷짐을 지고 손을 빠르게 계속 비벼대는 것이다. 이런 손동작은 정말 부자연스럽게 보이며 프레젠터의 호감도를 떨어뜨릴 수 있다. 또한 손목을 잡거나 손등에 올리거나 팔뚝을 잡는 등 내가 지금 긴장하고 있다는 표현도 피해야 한다. 청중은 프로페셔널한 프레젠터를 기대하지 초보 프레젠터의 실수 남발인 첫 공연을 응원해주기 위해 오지는 않기 때문이다. 그러기 위해서 프레젠터는 리허설뿐만 아니라 의도된 손동작과 손의 위치도 미리 훈련해야 한다. 처음 자신의 손동작이 어색하거나 손동작을 부적절한 타이밍에 사용했을 때 스스로 어색함을 극복하기 위해 불필요한 행동을 할 때가 있다. 예를 들어 머리를 쓰다듬거나 손바닥을 계속 비벼대는 것이다. 스스로의 부족함을 인정하는 이러한 행동은 손동작의 효과를 오히려 떨어뜨리게 되고 다음에 사용하게 될 손동작도 자신 없어질 뿐 아니라 청중의 관심도 급격히 저하시킨다.

청중과의 눈 맞춤 '아이 콘택트'

프레젠테이션을 할 때 청중의 시선에 집중해야 한다. 청중과 눈 맞춤을 못 하는 것은 프레젠테이션에 자신이 없음을 뜻한다. 비즈니스에서도 상대방과의 눈 맞춤은 정말 중요하다. 서양에선 눈의 교감을 중요하게 생각한다. 말은 입으로 하지만 소통은 눈으로 한다. 눈을 통해 상대방의 마음을 짐작하기 때문에 말하는 내내 상대의 시선을 놓치지 않는다. 오히려 말할 때 상대가 시선을 다른 곳에 두는 것을 모욕으로 여긴다. 상대와 교감을 위해서 시선을 상대에게 두고 바른 자세로 집중하며 경청하고 답하는 것이다.

"눈 깔아!"

한국 영화나 드라마에서 건달들이 상대를 굴복시키기 위해 하는 말이다. 그저 권투 선수들이 시합 직전 링 위에서 서로 기氣 싸움 할 때

나 눈을 똑바로 째려봐야 하는 줄로 안다. 대화를 할 때에도 여간해서 상대를 주시하지 못하는 것은 물론 회의를 할 때도 상대방, 즉 화자話者를 쳐다보지 않는다. 한국에서 전철을 타면 가장 불편한 게 바로 앞자리에 마주앉은 사람과 눈 마주칠 때의 어색함이다. 나는 눈 맞춤을 좋아한다. 그러나 대부분의 사람들은 눈을 피하거나 일부러 안 보거나 스마트폰을 보면서 눈을 마주치지 않는다. 가끔 외국인들과 눈을 마주칠 때 외국인들은 웃는다. 그 의미는 당신에게 나쁜 감정이 없다는 뜻이다.

무대에 올라가면 떨리지만 얘기하다 보면 시야도 넓어지고 청중들도 하나둘씩 눈에 들어오는 스킬들을 경험하는 것이 중요하다. '눈은 그 사람의 마음을 볼 수 있다.'고 한다. 시선 관리는 프레젠터의 자신감과 열정을 보여주는 중요한 수단이다. 청중은 누구나 존중받고 싶어 하고 특별한 사람이 되고 싶어 한다. 청중이 지루해하는 결정적인 원인 중 하나는 청중 자신이 특별한 시선을 받지 못했다고 생각하기 때문이다. 부족한 시선을 받은 청중은 '프레젠터가 초보 같다, 왠지 궁색하다.'는 느낌을 받게 된다.

시선 관리의 출발점은 스크린과의 싸움에서 이기는 것이다. 자주 나타나는 나쁜 시선 관리는 스크린을 오랫동안 보고 있는 경우이다. 스크린을 보고 있으면 프레젠터 스스로는 편안함을 느끼겠지만 청중에 대한 시선 관리를 할 수 없게 된다. 초보 프레젠터일수록 본능적으로 스크린을 보며 마음의 안정을 찾고자 하는 성향을 보인다. 어느 정도 수준으로 스크린을 등질 수 있는가 하는 것은 프레젠터의 역량을 평가하는 중요한 기준이 된다. 초보 프레젠터일수록 시선이 스크린 쪽에 많이 가고 전문가일수록 청중에게 많은 시선을 준다. 스크린을 볼 경우 청중은 프레젠터의 뒷모습만 바라보며 프레젠테이션을 듣게 되므로 보디랭귀지도 볼 수 없다. 스크린을 보는 시간이나 횟수를 결정할 때 이상적인 시선 처리의 예는 기상 캐스터를 연상해 보면 쉽게 이해할 수 있다. 스크린과 청중에 대한 시선 처리의 황금 비율은 최소한 20대 80을 유지해야 한다. 물론 가장 이상적인 비율은 0대 100이다.

스크린뿐만 아니라 바닥, 벽, 천장을 보는 시선 처리는 청중에 대한 장악과 프레젠테이션을 포기했다는 것을 의미하게 된다. 이것은 경험 부족, 스킬 부족을 공개적으로 청중에게 알려주게 되어 프레젠테이션의 신뢰를 급격히 떨어뜨리게 된다.

〈청중과 눈 맞추기〉

청중 한 사람 한 사람과 눈을 맞출 때에는 너무 길거나 짧지 않게 한다. 너무 오랫동안 한 사람만을 바라보게 되면 다른 청중은 소외감을 느끼게 되며 바라보고 있는 청중 또한 무안해질 수 있다. 청중과 눈을 맞추는 시간은 '2초'가 가장 적당하다. 마음속으로 '하나, 둘'을 생각하고 다음 사람에게로 시선을 이동한다.

한 문장에 한 명씩 시선 관리하는 것을 습관화하는 것이 효과적이다. 고개를 끄덕이며 공감하고 있는 청중을 조금 더 긴 시간 바라보고 있다가 해당 청중이 시선을 돌릴 때 같이 이동한다. 프레젠터에게 부정적인 청중은 시선이 마주쳤을 때 집중적으로 호소력 있는 강한 시선을 전달함으로써 자신에 대한 평가가 긍정적으로 변할 수 있도록 한다.

〈아이 콘택트 Self training〉

집 벽에 포스터를 붙인다거나 임의의 점을 찍는다. 포스터를 붙일 때는 허리 높이에 붙인다. 그리고 그것을 볼 때 청중의 눈으로 의식하며 습관적으로 번갈아 보며 대본을 연습한다. 무엇보다 반복적으로 습관이 되도록 번갈아 보며 연습한다. 처음엔 아이 콘택트를 의식하지만 계속 아이 콘택트를 하다 보면 자연스럽다. 처음만 어렵지 계속할수록 자연스럽다는 것이다.

그리고 실제 청중이나 상대를 쳐다볼 때 눈을 마주치는 게 쉽지 않다면 미간이나 코끝 또는 턱을 보고 이야기하면 된다. 시선을 상대방의 눈보다 조금 낮게 유지하도록 한다. 여러 명일 경우 가운데를 중심으로 천천히 시선을 배분하면 된다. 그리고 질문을 하면 질문자를 주시하면 된다. 아이 콘택트는 프레젠테이션뿐만이 아니라 면접, 인터뷰, 이성과의 대화에도 마찬가지로 매우 중요하다.

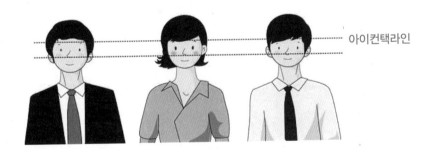

아이컨택라인

이야기할 때는 다양한 감정을 보여 줘라

우리에게는 여러 가지의 감정이 있다. 그리고 그 감정들을 얼굴에 담을수록 신뢰도가 올라간다. 단편적인 감정에는 슬픔, 행복, 놀람 등이 있고 복합적인 감정에는 '경이로울 만큼 놀람' 같은 것이 있다. 프레젠테이션을 할 때는 화나거나 행복하거나 등 한 가지 감정만 표출하는 게 아니라, 여러 가지 감정을 섞어서 보여주는 게 중요하다. 그렇게 하면 더 많은 신뢰를 얻을 수 있다. 그래서 다양한 감정을 사용하는 것이 청중과 소통하는 데 많은 도움을 준다. 프레젠테이션을 할 때 보디랭귀지, 즉 손동작과 표정을 연습하면서 그에 맞는 필요한 감정을 찾고 그 감정을 최대한 이끌어 내보자. 그리고 당신의 열정 안에서 청중과 소통할 수 있는 감정을 찾아내 본다. 그걸 할 수 있다면 당신은 더욱 강력한 프레젠테이션을 할 수 있을 것이다.

우리는 따뜻한 사람들을 좋아하며 차가운 사람들을 싫어한다. 한

편 강인함과 따뜻함을 모두 발산하는 사람들은 우리에게 깊은 인상을 준다. 또 매우 설득력이 있다고 생각한다. 그들은 우리의 이익을 위해 기꺼이 나서려고 하며^{따뜻함} 그럴 만한 능력이 있어^{강인함} 보인다. 따라서 우리는 그들이 리더가 되기를 기대하며 그들이 책임을 맡는다는 사실에 편안함을 느낀다. 강인함과 따뜻함은 상대방을 설득할 때도 매우 중요하다. 프레젠테이션은 당신의 평소 모습과 다른 당신의 열정적이고 강한 자신감을 함께 보여줄 수 있으며 설득력을 높여 청중이 판단을 내리는 데 중요한 기준이 된다.

강인함과 따뜻함을 동시에 보이는 능력을 지닌 사람은 매우 드물어서 우리는 이 능력을 지닌 사람들을 칭송하고 우러러보며 부러워한다. 고대 그리스인들은 이 능력을 신이 내린 재능이라고 불렀으며, 이 용어에서 카리스마라는 단어가 나왔다. 오늘날 이 능력은 다양한 사회에서 다른 이름으로 불린다. 직장에서는 리더의 자질이라고 칭송하며 사회에서는 종종 쿨Cool하다고 불린다.

· 제08절 ·

청중과의 교감 '위치 이동'

프레젠테이션이 길어지면 청중은 서서히 집중력이 떨어지게 된다. 이때 프레젠터는 새로운 분위기 전환을 위한 위치 이동이 필요하다. 그러나 처음부터 프레젠테이션 중간에 위치를 이동하기는 결코 쉽지 않다. 특히 초보 프레젠터의 경우 긴장하여 다리가 떨리는 상황에서 위치 이동까지 한다는 것은 더욱 불안하게 되므로 시도조차 하기 힘

들다. 그러나 청중은 항상 새로운 모습, 새로운 분위기를 기대하고 있기 때문에 적절한 타이밍에 위치 이동을 자연스럽게 할 수 있어야 한다.

위치 이동은 청중과의 교감이라고 생각한다. 프레젠터는 고정된 자세로 발표를 시작하게 된다. 그리고 청중의 시선은 고정되어 있다. 그러나 프레젠터가 한 곳만 쳐다보면 청중의 주의력

과 집중력이 떨어질 수밖에 없다. 그때 필요한 동작이 위치 이동이다. 위치 이동은 지루한 청중의 주의력을 환기시켜 주며 프레젠터의 메시지를 강력하게 강조할 수 있는 효과를 준다. 나는 위치 이동을 포즈Pause와 함께 사용하는 것을 즐긴다. 포즈Pause의 정적을 위치 이동과 섞으면 그 효과가 배가될 수 있다.

예를 들어 중요한 메시지를 전달할 때 포즈Pause를 사용해 보자. 포즈Pause의 정적에 가만히 서 있지 말고 위치 이동을 해보자. 청중은 프레젠터의 포즈Pause, 즉 정적에 놀라 프레젠터를 쳐다보지만 프레젠터는 유유히 위치 이동을 하면서 청중과 시선을 유지하면서 메시지를 전달할 것이다. 이 얼마나 자연스럽고 여유로워 보이며 프로페셔널하게 보이는가? 즉 위치 이동도 사전 준비이다. 어느 순간에 위치 이동을 할 것인지도 미리 계획이 되어 있으면 좋다는 것이다. 위치 이동은 크게 두 가지로 나눌 수 있다.

첫째는 좌우로 하는 위치 이동이며 둘째는 앞뒤로 하는 위치 이동이다. 조금 더 프레젠터를 프로페셔널하게 보일 수 있는 것은 좌우로 하는 위치 이동이다. 반면에 청중과 공감대를 형성하고 호감을 얻고 싶다면 앞뒤로 위치 이동을 하는 것이 효과적이다. 이때 주의할 점은 등을 약간 굽히는 것이 중요하다는 것이다. 등을 곧게 편 꼿꼿한 자세로 청중에게 위치 이동으로 다가갔다간 청중에게 너무 차갑고 딱딱한 인상을 줄 수 있기 때문이다. 등을 약간 굽혀 청중에게 최대한 시선을 맞춰 주는 것처럼 표현하는 것이 훨씬 더 호감적이라는 것을 기억하자.

위치 이동은 다섯 걸음 정도가 적당하다. 물론 강의장이나 회의실 규모에 따라 달라질 수 있다. 그렇기에 현재 서 있는 스크린의 반대편으로 이동하는 정도의 거리가 적당하다. 그러나 주의할 점은 이동할 때 프레젠터가 아무 말도 하지 않거나 바닥을 바라보면서 이동하게 되면 청중은 프레젠터의 돌발적인 행동에 대해 오히려 어색함을 느낄 수 있다.

위치 이동을 할 때 중요한 것은 계속 말을 하면서 이동하고 청중에게서 시선을 떼지 않고 유지해야 한다는 것이다. 그리고 위치 이동이 완료되었을 때는 강한 메시지나 결론과 함께 강한 손동작이나 보디랭귀지로 임팩트를 주면 좋다. 무엇보다 위치 이동을 적절한 타이밍에 연출하는 것이 좋다. 효과적인 위치 이동은 시간이 경과되어 느슨해진 청중의 주의를 환기시키고 새로운 분위기를 만듦으로써 프레젠테이션의 설득력을 더욱 강하게 만드는 효과를 가져온다.

끌리는 목소리로 말하기

기본 발음

프레젠테이션의 청중은 대부분 해당 분야의 전문가로 구성되는 경우가 많다. 대부분 전문용어나 기술적 내용에 대한 파악이 이미 충분히 이루어져 있을 뿐만 아니라 프레젠터보다 많은 지식을 보유한 경우도 있다. 프레젠터의 전문가적인 발음은 전달되는 내용을 신뢰할 수 있게 만드는 효과를 가져온다. 하지만 발음에서 가장 많이 실수하는 것은 말이 꼬이는 것이다. 예컨대 '프레젠테이션'이라는 단어도 발음하기 쉽지 않은 단어이다. 스스로 '프레젠테이션'이라는 단어를 연속으로 5회 정도 발음해 보고 어느 정도 익숙한지 느껴보기 바란다. 만일 스스로도 자연스럽지 못하다고 느낀다면 듣는 청중은 분명 거부감을 느낄 것이다. 발음을 명확히 하기 위해서는 말하고자 하는 내용을 사전에 숙지하고 반복적으로 발음을 연습해야 한다. 어려운 발음일수록 사전에 반복적으로 발음을 연습해보는 것이 좋다.

우선 기본 발음이 중요하다. 사투리를 제외하고 발음이 자주 꼬이거나 안 되는 분들은 흔히 조음기관이 게으르기 때문이다. 조음기관은 혀와 입술로 이루어져 있다. 언어를 표현할 때는 이 기관의 움직임이 중요하다. 그런데 그것을 잘 안 끌어내는 것이다. 그리고 이 모든 것들이 잘 적용되고 있는지 알기 위해서 하는 것이 전신 거울을 보며 연습해보는 것이다. 우선 녹화를 한 후 이것을 다시 본인이 모니터링해보는 것이 중요하다.

프레젠테이션은 이렇게 혼자 Self training을 활용해 훈련한 후 이를 전문가에게 피드백을 받는 게 좋다. 이때 본인도 전문가의 의견과 함께 모니터링하면서 이를 비교하는 것이 좋다.

사투리 고치기

먼저 카피캣 전략이다. 보통 벤치마킹이라고 부르지만 카피캣이 더 맞다. 닮고 싶은 아나운서의 목소리를 카피캣하는 것이다. 아나운서를 연상하며 목소리를 따라해 보는 연습을 하는 것이다. 카피캣을 하면 단기간에 빠른 효과를 볼 수 있다. 나는 어릴 때부터 벼락치기를 매우 좋아했다. 꾸준히 하는 연습보다는 좀 더 빠른 방법의 지름길을 선택했다. 너무 길다 보면 지루하고 동기가 희석되어 중도에 쉽게 포기할 가능성이 높기 때문에 단기간에 효과가 빠른 길을 선택한 것이다. 그 결과 그 동기에 대해 새로운 동기, 더욱 강한 동기가 생기게 되어 더욱 성장할 수 있었다.

사투리를 쓰는 경우 더 많은 주의가 필요하다. 프레젠테이션을 하는 데 있어서 프레젠터의 개인적인 환경이나 억양은 중요하지 않다. 사투리를 이해해서 들어주길 바라는 것은 프레젠터의 생각이다. 프레젠테이션에서 청중은 곧바로 이해되지 않으면 내용에 대해 쉽게 포기해 버리기 때문이다. 따라서 프레젠터는 항상 표준어로 발음할 수 있어야 한다.

사투리나 억양, 말투를 고치고 싶거나 아나운서처럼 정돈되고 단정한 말투를 갖고 싶다면 뉴스를 비롯해 아나운서가 진행하는 프로그램을 들으며 훈련하면 된다. 반대로 친절하고 상냥한 느낌의 말투를 익히고 싶다면 그러한 말투를 가진 내가 닮고 싶은 진행자나 아나운서의 프로그램을 들으면 된다. 되도록이면 TV보다는 라디오를 듣는 편이 청각적인 집중도가 훨씬 높고 말하는 분량이 더 많아 도움이 된다. 중요한 건 목소리의 롤 모델을 정하는 것이다. 무작정 따라하다 보면 롤 모델과 똑같이는 아니지만 비슷한 억양과 발성, 발음을 갖게 된다. 결국 정돈된 말투를 갖게 되는 것이다. 이 원리는 간단하다. 우리가 초등학교 때 짝꿍이 말을 더듬으면 나도 똑같이 더듬게 되는 것과 똑같다.

우리는 무의식적으로 지각하는 사람의 행동을 따라 하려는 본성을 가지고 있다. 그렇기 때문에 정돈되고 단정한 말투의 아나운서처럼 되고 싶다면 똑같이 따라 하면 어느새 비슷한 말투와 발음을 갖게 되는 것이다. 영어를 공부할 때 우리가 그 억양이나 발음을 계속 듣고 따라 하다 보면 듣는 귀가 점점 트이고 발음도 서서히 유창해지는 원리와 똑같다.

좋은 목소리의 시작 '복식호흡'

좋은 목소리는 안정적인 목소리다. 같은 내용이라도 목소리가 좋은 사람이 얘기하면 집중도가 훨씬 높아진다. 또한 정보를 전달할 때에도 더 효과적이다. 실제로 청중들은 말의 내용에 먼저 관심을 갖기보다는 목소리에 반응하고 나서야 내용을 듣기 시작하기 때문에 청중의 귀를 사로잡아야 내 말에 비로소 집중할 수 있으며 그런 후에야 논리적 구성과 설득력 있는 프레젠테이션 그리고 스피치를 통해 상대의 마음을 움직일 수 있다. 무엇보다 안정된 호흡과 발성, 발음을 통해 끌리는 목소리로 말하는 것이 중요하다.

프레젠테이션에 있어 호흡은 무엇보다 중요하다. '말할 때 숨이 차고 말끝이 갈라져요.', '목소리가 너무 작고 가는 데다 불안정하게 떨리기까지 해요.' 등. 이 문제들의 핵심은 호흡이다. 오디션 프로그램에서 박진영이 말한 "공기 반, 소리 반"이라는 심사평을 들어본 적이 있는가? 문제는 공기량이다. 한 번에 들이마시는 공기량에 따라 성대를 밀고 나오는 공기의 압력이 클수록 성대가 넓어지면서 진폭이 커진다. 쉽게 말해서 배 속의 공기 없이 목으로만 소리를 내면 탁한 소리가 나는 반면에 배 속의 공기를 섞어 말하면 풍부하고 윤택한 소리를 낼 수 있다. 또한 공기량이 많으면 많을수록 숨이 차는 일은 줄어들고 말할 때 훨씬 자연스럽게 말할 수 있다. 헬스를 해본 적이 있다면 쉽게 이해할 것이다. 헬스를 할 때 트레이너가 제일 먼저 알려주는 게 각 기구의 사용법 이전에 호흡이다. 기구를 들었다 났다 하면서 호흡을 어떻게 하는지 방법을 알려 준다. 이렇게 운동에 맞는 호흡이 있듯이 프레젠테이션에 맞는 호흡법이 있다. 복식호흡을 이용하면 목에는 전혀 힘을 들이지 않고 말할 수 있다. 배로 공기의 양을 조절하므로 목에는 전혀 힘이 들어가지 않으면서 배로부터 나오는 풍성하고도 힘이 넘치는 음성이 만들어진다.

나는 오페라와 뮤지컬을 좋아한다. 그런데 오페라와 뮤지컬의 차이가 무엇일까? 바로 마이크이다. 뮤지컬 가수는 마이크를 사용하지만 오페라 가수는 마이크 없이 오랜 세월 갈고닦은 벨칸토 창법을 구사하며 노래한다. 어떻게 마이크도 없이 무대에서 관객석까지 들리도록 노래를 할 수 있을까? 바로 복식호흡 때문이다. 평소 일반인들은 가슴으로 가슴호흡을 한다. 그렇기에 복식호흡은 처음 하는 사람에게 다소 어려운 호흡일 수 있다. 하지만 복식호흡 훈련으로 적응되면 가슴호흡보다 훨씬 더 편안하고 쉬운 호흡이라는 것을 알게 된다.

우선 전신 거울 앞에 서서 다리는 골반 너비로 벌리고 양발에 고르게 체중을 싣는다. 그리고 등을 곧게 편 상태로 복식호흡을 연습해 보자. 코로 숨을 천천히 들이마시면서 공기를 배로 내려 보내자^{배가 풍선처럼 부}^{르는 느낌으로}. 이때 코와 입으로 동시에 숨을 마셔 보자. 이렇게 들이마셔 배에 채운 공기를 내쉴 때에는 입으로만 "후~"하고 내쉬자. 이렇게 계속 반복해본다. 처음엔 어색하지만 계속 연습하면 자연스러워진다.

가장 쉬운 방법은 누워서 연습해보는 것이다. 먼저 누운 자세에서 온몸에 힘을 빼고 코로 깊게 숨을 마신다. 이때 배에 공기를 불어넣어 풍선처럼 볼록하게 만든다. 그리고 배 속에 꽉 찬 공기를 입으로 "후~" 불면서 천천히 뱉는다. 이렇게 몇 번 반복해 보자. 가벼운 책 하나를 배 위에 올려놓고 천천히 복식호흡을 연습해 보자.

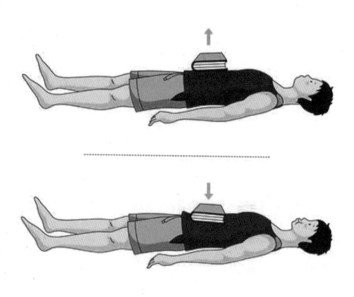

발성 연습

발표할 때 우리는 크고 강한 목소리를 내야 할 때가 많다. 또한 성량에 따라 다양한 음성의 변화를 내야 한다. 발표 상황에서는 똑같은 톤인 단조로운 목소리로 전달하면 어렵고 청중이 집중할 수가 없다. 다양한 음성의 변화를 내기 위해서는 자신의 의지대로 큰 목소리부터 작은 목소리까지 구분해서 내는 연습이 필요하다. 처음엔 낮게 시작해서 점점 더 크게 목소리를 내보자. 단계별 성량에 따라 10부터 100까지 내보는데 100은 자신이 낼 수 있는 최대한 큰 목소리를 내도록 한다. (   ) 괄호는 목소리 크기이다.

단계별 발성 연습

나는 할 수 있습니다. *(30)*
나는 할 수 있습니다. *(60)*
나는 할 수 있습니다. *(90)*

적당히 살고 싶다면 적당히 일하고 적당히 살면 된다. *(25)*
멋지게 살고 싶다면 멋지게 행동하고 멋지게 살면 된다. *(50)*
성공하고 싶다면 성공한 사람처럼 행동하고 살면 된다. *(75)*
실패하고 싶다면 실패한 사람처럼 행동하고 살면 된다. *(100)*

적당히 살고 싶다면 적당히 일하고 적당히 살면 된다. *(20)*
멋지게 살고 싶다면 멋지게 행동하고 멋지게 살면 된다. *(40)*
실패하고 싶다면 실패한 사람처럼 행동하고 살면 된다. *(60)*
성공하고 싶다면 성공한 사람처럼 행동하고 살면 된다. *(80)*
자신감을 얻고 싶다면 자신감 있게 행동하고 살면 된다. *(100)*

· 제05절 ·

호감 가는 목소리

홈쇼핑의 상품이 좋든지 싫든지 무조건 사고 싶게 만드는 것은 쇼 호스트의 목소리와 보디랭귀지 때문이다. 쇼 호스트는 언어적, 비언어적 커뮤니케이션이 탁월하여 고객이 살 수밖에 없도록 만들며 상품을 홍보하여 소비로 연계시킨다. 쇼 호스트의 언어적 커뮤니케이션 요인인 호흡, 발성, 발음, 설득력, 목소리 변화 등과 비언어적 커뮤니케이션 요인인 보디랭귀지, 신체적 행위, 이미지 등이 상품 설명 시 적절하게 활용되어 소비자의 구매로 연결되어진다.

소비자들이 선호하는 호감 가고 신뢰감 있는 목소리를 구현하기 위해서 쇼 호스트는 목소리 훈련을 통해 목소리를 개선시켜 나간다. 쇼 호스트는 목소리의 변화와 언어 전달력을 통해 소비자들에게 정확하게 들릴 수 있는 적정 속도를 유지하여 소비자들이 구매하도록 한다.

쇼 호스트 방송을 녹음하여 반복해 듣고 그대로 따라 하는 방법도 있다, 방송을 잘한다는 것이 반드시 말하는 기술만의 문제가 아니라고 볼 때 어느 정도의 교정 효과는 혼자만의 노력으로도 가능하다, 그 방법의 하나가 신문의 사설을 이용하여 목소리 훈련을 해보는 것이다.

〈Self Training〉

1. 내용이 좋은 신문 사설을 선택하여 소리 내어 천천히 읽되 스피치 또는 연설식으로 읽는다.
2. 이때 발음은 명확히 하도록 애쓰며, 목소리 또한 당신이 교정하고자 하는 롤 모델을 따라한다.
3. 말의 강약, 빠르기에 변화를 주며 말하되 최대한 감정을 넣어 읽는다.
4. 문장 끝말이 '있다.' '없다.' '것이다.'가 아닌 '있습니다.' '없습니다.' '것입니다.' 등 구어체로 바꾸어서 실제로 방송이나 연설을 하는 것과 같이 말한다.
5. 계속 반복해서 연습하며 녹음 또는 녹화하여 목소리와 발음을 확인해 본다.

・ 제06절 ・

목소리 변화

간디나 마틴 루터 킹은 검을 들거나 총을 쏜 적이 없다. 그러나 그들은 무엇을 얻었을까? 민주주의와 정의를 얻었으며 국민들에게 용기를 주었다. 그만큼 권력과 영향을 행사하는 도구는 언어이다. 그리고 그 언어를 더욱 효과적으로 전달하기 위해 말의 힘을 조절하는 것은 목소리 변화이다.

프레젠테이션에서도 효과가 큰 것이 바로 말의 힘 조절이다. 대개 청중이 지루하고 집중할 수 없게 만드는 프레젠터의 공통점은 목소리의 변화가 없이 일정한 톤으로 말한다는 것이며 무엇보다 말에 힘이 없다. 청중은 프레젠터의 목소리를 적어도 수십 분간 들어야 한다. 특히 잘 모르는 내용을 듣고 이해해야 하기 때문에 주의해서 들어야 한다. 프레젠터가 말하는 내용 중 중요한 이야기와 그렇지 않은 이야기를 일일이 챙겨 들어야 한다는 것은 상당히 심신이 피곤해지고 주의력이 산만해지는 요소이다.

목소리의 변화는 말의 힘을 조절하는 것이다. 말의 힘을 부여하거나 힘을 약하게 조절해서 청중이 듣기 쉽도록 전달한다. 특히 핵심 메시지나 키워드를 말할 때 말의 힘을 조절하여 프레젠터가 전달하고자 하는 메시지를 청중이 쉽게 구분해서 들을 수 있도록 하는 것이다.

첫째, High Voice는 목소리 톤을 높여서 청중에게 전달하고자 하는 핵심 키워드를 조금 더 강하게 말하여 청중에게 강한 메시지를 전달하는 것이다. 밑줄 친 부분에 목소리 톤을 높여 낭독해 보자.

<u>나는</u> 자신감 있게 행동하기로 결심했습니다.
나는 <u>자신감 있게</u> 행동하기로 결심했습니다.
나는 자신감 있게 <u>행동하기로</u> 결심했습니다.
나는 자신감 있게 행동하기로 <u>결심했습니다.</u>

네 문장이 각각 다를 것이다. 첫 번째 문장은 "나"를 더 강조하였고 두 번째 문장은 "자신감 있게"를 더 강조하였다. 세 번째 문장은 "행동하기로"를 더 강조하였으며, 네 번째 문장은 "결심했습니다."를 더 강조하였다. 이처럼 High Voice는 내가 강조하고 싶은 부분에 힘을 주어 말하면 된다.

둘째, Low Voice는 목소리 톤을 반대로 낮춰서 청중에게 전달하고

자 하는 핵심 키워드를 약하게 말하여 청중에게 더 감정적인 메시지를 전달하는 것이다. 갈등 또는 힘들고 어려웠던 부분이나 약점 등을 이야기를 할 때 조금 더 감정을 증폭시켜 전달하는 효과를 준다. 무엇보다 말하는 내용에 집중해 감정을 불어넣으면 훨씬 더 감정적으로 청중들에게 호소할 수 있다.

연이은 취업 실패에 절망과 좌절감뿐이었습니다.
나는 꽤 힘들고 어려운 시절을 보냈습니다.
내 어린 시절은 늘 불행했습니다.

셋째, Clearly Voice는 천천히 또박또박 읽는 것이다. 보통 숫자 등을 설명할 때 정확하게 읽어 상대방이 기억하기 쉽도록 하는 것이다. 특히 숫자를 설명할 때는 손가락을 이용한 손동작을 함께 사용하면 청중에게 더욱 강조될 수 있다.

올해 사업 예산을 110억 9천만 원으로 책정하였습니다.
우리 사업부서 매출이 전년 대비 30% 이상 증가하였습니다.
오늘 말씀드릴 핵심 포인트는 총 두 가지입니다.

넷째, Long Vowel는 모음을 길게 변화해서 발음하는 것이다. 청중에게 조금 더 실감나게 표현할 수 있는 방법이다.

IoT기술은 앞으로 더 <u>많</u>은 변화를 줄 것이다.

IoT기술은 앞으로 더 <u>많~</u>은 변화를 줄 것이다.

다섯째, Pause.

기업이 글로벌 경쟁 속에서 살아남을 수 있는 길은/ 혁신뿐입니다.

오늘 세계적 명문 대학에서 여러분과 함께하게 되어 영광입니다.

솔직히 말씀드리자면/ 저는 대학을 나오지 않았습니다.

포즈Pause는 프레젠테이션이 진행되는 동안 문장을 말할 때 1~2초 정도 멈췄다가 다시 말하는 것을 뜻한다. 예를 들어 '기업의 글로벌 경쟁 속에서 살아남을 수 있는 길은 혁신뿐입니다.'라는 문장을 말할 때 포즈Pause는 "살아남을 수 있는 길은" 하고 잠깐 멈추었다가 "혁신 뿐입니다."를 강하게 이야기한다. 이때 High Voice로 목소리 톤을 높여서 강조하면 더욱 효과적이다. 또한 2005년 스탠퍼드 대학 졸업식에서 한 스티브 잡스의 연설 중에서 "오늘 세계적 명문 대학에서 여러분과 함께하게 되어 영광입니다. 솔직히 말씀드리자면 저는 대학을 나오지 않았습니다."라는 문장을 말할 때 포즈Pause인 "솔직히 말씀드리자면"에서 잠깐 멈추었다가 "저는 대학을 나오지 않았습니다."라고 감정을 부여해 이야기한다. 이때 Low Voice로 목소리 톤을 반대로 낮춰서 청중에게 전달하고자 하는 핵심 키워드를 약하게 말하여 청중에게 더 감정적인 메시지를 전달하는 것이다.

포즈Pause는 발표하는 중간에 잠시 쉬었다가 말하는 것으로 청중이 메시지를 생각해 볼 시간을 주거나 말하고자 하는 메시지를 보다 극적으로 만들기 위해서 사용하는 것이다. 마치 달리던 자동차가 과속방지턱을 만나 속도를 줄이고 잠시 주변을 살펴보는 것과 같은 효과이다. 발표를 계속하다가 2~3초간 멈춘 후 말을 하게 되면 다음에 하게 되는 말에 더욱 힘이 실리게 된다. 또는 질문을 청중에게 던지고 스스로 답변하는 경우에도 유용하다.

포즈Pause는 프레젠테이션을 남다르게 만드는 효과적인 말하기 기법이다. 개인마다 발성의 성량이 다르고 말하는 스타일이 다르기 때문에 정답은 없지만 가능한 한 많은 연습을 통해서 자신에게 적합한 높낮이를 개발해야 한다. 단 포즈Pause를 지나치게 많이 사용하는 것은 주의해야 한다.

· 제07절 ·

컨디션 조절

프레젠터는 자기 관리가 중요하다. 중요한 발표를 앞두고 적어도 하루 전날은 무리한 운동이나 스케줄은 삼가고 금연하고 금주한다. 술을 마신 다음날은 목이 마르게 돼 찬물을 벌컥벌컥 마시게 된다. 무 엇보다 좋은 목소리가 나올 수가 없다. 특히 담배는 목소리에 악영향 을 미친다.

발표 당일은 커피를 비롯해 홍차, 녹차 등 카페인이 들어가 있는 음 료는 삼간다. 이 역시 목을 건조하게 만들고 이뇨 작용으로 입안에 점액 을 분비시켜 목소리에 안 좋은 영향을 미치기 때문에 피하는 게 좋다. 또한 우유, 요구르트 등 유제품도 입안에 점액을 분비시켜 가래가 걸 린 것처럼 목에 불편한 느낌을 주기 때문이다. 유제품, 과일 주스 등 설탕이 많이 들어간 단 음식은 입에 침을 고이게 만들어 말을 하는 데 불편함을 준다. 그렇기 때문에 발표 당일에는 따뜻하거나 미지근한 물을 마시는 게 좋다. 특히 미지근한 생수를 미리 준비해가서 시간 날 때마다 마시면 좋다. 생수로 성대를 촉촉하고 윤택하게 만들어서 좋은 목소리와 컨디션으로 청중 앞에 자신감 있게 나서자.

나는 뭐든지 할 수 있다는 자신감이 중요하다. 그리고 이것들을 행동으로 옮길 용기도 있어야 한다. 언제까지 바라보기만 할 것인지 아니면 행동할 것인지는 당신에게 달렸다. 그리고 그에 대한 책임도 당신에게 있다. 내 삶을 책임질 수 있는 자신감 있는 행동으로 내 삶을 책임질 것이냐, 항상 불평과 불만으로 행동하지 않고 남 탓만 하고 살 것이냐는 당신의 선택에 달려있다.

상처받는 사람, 자존심 강한 사람은 열등감이 많은 사람이다. 매사에 목적과 사명이 분명하지 않아 남들과 비교하고 또 나를 무시하고 비아냥거릴 것이라는 추측을 자주 하여 자신을 불안하게 만들고 힘들게 한다. 그러면 사람도 미워지게 된다. 따라서 정상적인 인간관계를 할 수가 없다. 아직도 남들처럼 살고 싶다는 생각으로 살아간다면 누구나 비교에 의해서 절망과 열등감에 빠져들 것이다. 당연히 결과도 만족하지 못할 것이다. 나만의 인생 방향과 목표가 명확하지 않으면 성장할 수 없으며 성취할 수 없다. 중요한 것은 지금 내가 하는 경험을 통해서 앞으로 무엇을 얻느냐다. 일단 경험의 기회를 얻으려면 무엇이든 열심히 하겠다는 자세로 작고 사소한 일도 열정적으로 깔끔하게 처리하는 모습을 보여줄 때 사회는, 회사는 당신에게 더 큰일을 맡겨줄 것이다.

그런 일이 내게 일어나지 않았으면 하는 막연한 기대와 회피보다는 그런 일이 내게 일어나길 바라거나 혹은 기회가 왔을 때를 미리 대비하고 준비하는 자세가 우리에게 필요하다. 어느 정도 기회에 대한 짐작은 누구나 가능하다. 우리가 미리 사전에 준비하고 훈련한다면 프레젠테이션은 회피가 아니라 당당하게 나서서 나를 제대로 보여주고 알리는 도구로서 역할을 다할 것이다. 무엇을 망설이는가? 그런 일이 일어난 후에 대처하는 데 노력을 쏟을 것인가? 아니면 미리 준비해서 그런 일이 일어났을 때 제대로 나설 것인가? 이 두 가지에 소모되는 노력은 비슷하다. 하지만 결과가 다르다. 첫 번째는 자신에 대한 원망과 낮은 자존감을 낳지만 두 번째는 새롭거나 더 큰 기회 획득 그리고 개인의 성취감과 자신감 상승을 낳는다. 후회는 모르고 떠나보낸 기회보다 알면서도 행동하지 않아 흘려보낸 기회에서 더 크다.

불안하면 행동하라.

불안하면 멈춰 선다. 그리고 걱정부터 한다.

불안하면 무엇이든 행동하라. 하지 않고 후회하기보다는 하고 나서 후회하는 것이 더 낫다.

불안도 경험이고 실패도 경험이다.

불안의 합은 도전이 되고 실패의 합이 성공이 된다.

권선복
도서출판 행복에너지 대표이사
한국정책학회 운영이사

　수많은 청년들에게 사회는 꿈을 펼칠 무대이자 냉혹한 현실이기도 합니다. 한 명의 어엿한 일원으로서 사회에 적응하려면 그만큼 각고의 노력과 무한한 열정이 필요합니다. 특히 먼저 그 길을 걸어간 선배들에게 사회생활의 노하우를 배울 수 있다면 성장하는 데 있어 그보다 좋은 기회는 없을 것입니다.

　책『쫄지 말고 나서라 – 상대의 마음을 얻는 프레젠테이션』은 대부분의 사회초년생들이 힘겨워하는 프레젠테이션에 관한 실전 노하우가 가득합니다. 심리적인 문제에서부터 시작하여 디테일한 실전에 이르기까지의 프레젠테이션 해법을 상세히 소개하고 있습니다. 수많은 동료와 후배들을 위해 아낌없이 노하우를 책에 담아 주신 박호진 저자께 큰 응원의 박수를 보냅니다.

　현대사회는 자기 PR의 시대입니다. 발표 하나만 잘해도 선후배에게 사랑받는 직장인이 될 수 있습니다. 이 책이 이제 막 사회에 진입하는 청년들의 삶에 행복과 긍정의 에너지를 팡팡팡 샘솟게 해주기를 기원드립니다.

맛있는 삶의 레시피

이경서 지음 | 값 15,000원

책 『맛있는 삶의 레시피』는 암담한 현실을 이겨내게 하는 용기와 행복한 미래를 성취하게 하는 지혜를 독자에게 전한다. '맛있는 삶, 좋은 인간관계, 자신만의 꿈'이라는 커다란 주제 아래 마흔다섯 가지 에피소드를 다루고 있다. '행복한 삶은 무엇인가?'라는 화두를 독자들에게 던지고, 생생한 경험을 바탕으로 한 행복론論을 온기 가득한 문장으로 풀어낸다.

넘어진 후에야 비로소 나를 본다

김세미 지음 | 값 15,000원

『넘어진 후에야 비로소 나를 본다』는 실패와 좌절 후에 부족한 점은 무엇이었는지 점검하고 다시 도전할 수 있도록 독자를 독려한다. 현재 한국이미지리더십 연구소 대표이며 국가원로회의 전문위원으로 활동 중인 저자가, 20여 년 사회생활 경력을 토대로 전하는 위기관리 및 자기경영 노하우가 책 곳곳에서 빛을 발하고 있다.

포기하지마 넌 최고가 될 거야

권기헌 지음 | 값 15,000원

책 『포기하지 마! 넌 최고가 될 거야』는 본격적으로 험난한 인생길에 접어든 젊은이들에게 전하는 '격려와 조언'을 담고 있다. '자아, 지식, 열중, 긍정, 소통, 창의, 감성, 꿈'이라는 주요 키워드를 중심으로, 어떻게 하면 자신이 원하는 인생을 살아갈 수 있는지에 대해 따뜻한 목소리로 자세히 설명하고 있다. 취업과 경제적 사정 때문에 늘 고민이 많은 우리 청년들이 이 책을 통해 자신감을 얻고 밝은 미래를 위한 청사진을 구축하기를 기대해 본다.

범죄의 탄생

박상융 조정아 지음 | 값 15,000원

책 『범죄의 탄생』은 경찰서장 출신 변호사와 교도관 출신 작가가 대담對談 형식으로 풀어나가는 '범죄의 발생 원인과 해법'을 담고 있다. 대한민국을 떠들썩하게 했던 주요 사건들을 종류별로 면밀히 분석해 낸다. 이를 통해 우리 사회의 흉측한 민낯을 통렬히 고발함은 물론 적절한 대응방안과 해결책을 제시한다.